中公新書 2682

木村 幹著

韓国愛憎

激変する隣国と私の30年

中央公論新社刊

まえがき

こんなに遠くまで来るとは思わなかった。時々、過去を振り返ってそんなふうに思うときがある。

この文章を書いている二〇二一年九月現在、私は五五歳。ようやく五〇代後半にさしかかったばかり。なのにこんなことを書くと奇妙に思われる人も多いだろう。高齢化が進む日本人の平均年齢は四七・四歳。五五歳などこの社会では「黄色いくちばし」が、少しオレンジ色になったくらいにしか過ぎないからだ。

とはいえ、それにはそれなりの理由がある。私が大学院に入学して、韓国に関わる研究を本格的に開始したのは、いまから三一年前に当たる一九九〇年。それからこの二〇二一年に至るまでの間に、韓国や日韓関係をめぐる状況は大きく変化してしまっている。

私が大学院に入り、研究らしきものを始める直前、つまり、学部生時代を送った一九八〇年代の日本は、バブル景気の真っ只中にあった。経済が急拡大を続けるなか、「二一世紀は日本の世紀になるだろう」という予測が語られた時代である。当然のようにわれわれ学生たちの生活もその影響を受けた。それは、家からの仕送りやアルバイトで、より豊かな生活が送れるようになったり、就職活動が容易になったりしただけではない。重要なのは、この時期、学生たちにとっても「世界」が急速に近いものになったことだ。

背景には、好景気とともに進んだ円高があった。一ドル＝二五〇円程度だった円の価値は、一挙に一ドル＝一五〇円程度まで上昇した。その結果、学生たちは少しアルバイトをすれば海外に足を運べるようになった。そのような学生たちの一部は、日本よりはるかに物価の安い発展途上国を訪れた。突如として、世界各地に薄汚い格好をした日本からの「バックパッカー」が現れる。そう今日、若者に評判の悪い「バブル世代」は、その多くが学生時代に気軽に海外へ旅行することができた最初の世代でもあった。

私もまたそんな「バブル世代」の典型的な学生だった。両親を拝み倒して得たお金で、初めての海外旅行先としてアメリカ西海岸を訪れた私は、帰り間際にメキシコを訪れ、アメリカとの間の巨大な貧富の格差に愕然《がくぜん》とした。これをきっかけに「発展途上国をめぐる問題」に関心を持ち、その後、南アジアや中東諸国を回り、「彼らを何とかしてあげたい」と考えた。そこには「経済大国・日本」からやってきた学生の歪《ゆが》んだ優越感があった。

私は「発展途上国をめぐる問題」を考えるために大学院への進学を志す。指導教員に相談に行くと「研究の取っかかりとして特定の理論か地域を選べ」と言われる。夏休みの数週間

――そうわずか数週間である――考えて出した結果が「韓国を研究する」という決断だった。

理由はきわめて安易だった。韓国語が日本語に似ていて簡単そうに思えたこと、欧米諸国でそれほど研究が進んでいないように思えたこと、そして何よりも、一九八七年に民主化を終え、翌八八年にソウル五輪を開催し、新興工業国の一つとして注目されていた韓国が、私の目には「最も成功している発展途上国の一つ」として映っていたからだ。つまり、当時の私にとって、韓国は結局「研究しやすそうな発展途上国」にしか過ぎなかった。

当時の母校には韓国語のコースがなく、この段階での私は韓国語をまったく読めなかった。韓国国内の研究水準について知る術《すべ》もなく、漠然と「先進国である日本と比べればたいしたことがない」とも思っていた。一九八九年八月、二ヵ月前に中国で第二次天安門事件が起こり、三ヵ月後にベルリンの壁が崩れる時期のことである。

さて、こうして私の「韓国政治研究者」としてのキャリアが、わずか数週間のきわめて安易な「決断」によって始まる。しかし、それから三〇年以上経ったいま、韓国や日韓関係をめぐる状況はまったく異なるものとなっている。

かつて「発展途上国の先頭走者」に過ぎなかった韓国は、いつしか先進国の一員となった。一九九〇年に六七〇〇ドルだった一人当たりのGDPは、いまや三万三〇〇〇ドルと約五倍になり、物価を勘案したPPPレベルの数値では、すでに一部の統計で日本を追い越している。日本企業の技術と資本に依存した三星（サムスン）や現代（ヒュンダイ）といった韓国企業は、いまでは日本企業を脅かす、いやそれ以上の存在となっている。政治面でも保守派と進歩派が政権交代を繰り返す民主主義が定着し、その国際的評価は日本より高いほどだ。外交でも歴史認識問題や北朝鮮問題で、日本と競い合う存在に成長した。

私は幸か不幸かこの三〇年間、一学生として、一研究者や一教育者として、韓国の成長や苦難のさまざまな現場を体験した。とりわけ研究の主たる題材を「韓国のナショナリズム（民族主義）」とした結果、比較的若い時期から、さまざまな日韓の歴史認識問題に研究者として第一線で関わることとなった。そこから私は研究者として多くを得、一人の人間としてあまり思い出したくない経験もした。

本書では以下、短くて長かったような三〇年間余りの韓国と日韓関係について、私個人の視点から語ってみることとしたい。「ほらまたバブル世代の昔語りが始まった」、若い人はきっとそう思うに違いないし、それはきっとその通りである。でも思う。韓国はこの三〇年間で大きく変貌し、日本との関係も大きく変化した。

記憶はやがて失われるものであり、だからこそ書き留めておくことにはきっと意味がある。だとすると、個人的な記憶にも何らかの意味があるに違いない。さて、それではその記憶の扉を開けてみることにしよう。

目次

韓国愛憎

——激変する隣国と私の30年

プロローグ　軍事独裁政権下、暗い国のイメージ

これは私自身が見た、韓国との関わりの記録である。私自身にもそれにどういう価値があるのかはわからない。しかし、伝統ある出版社がそれを出版するだけの価値がある、というのだから、ともあれ信じることにしてみよう。さて、気楽に自らの経験を語っていくことにしようか。

1　在日コリアンの暮らす街で

高度経済成長期、東大阪で

さて、私は一九六六年四月大阪府河内市、現在の東大阪市の一角で生まれている。時代は第二次世界大戦終戦から二一年、廃墟から日本が復興し、先進国の一員として肩を並べる時期に入ってすぐの頃だ。二年前の一九六四年には東京と大阪の間に新幹線が開通し、最初の東京五輪が行われ、当時「先進国クラブ」という別名で呼ばれることも多かったＯＥＣＤ（経済協力開発機構）への加盟をも日本は果たしている。

しかし、私の生まれた大阪で重要だったのは、翌一九六五年に博覧会国際事務局が、七〇年の大阪万国博覧会開催を決定したことである。こうして五輪を開催した東京に引き続き、大阪でも槌音《つちおと》高くインフラの整備が行われる。そう、わかりやすく言えば、私はそんな高度成長期真っ盛りの時代に生まれた。

日本が経済発展に向けて邁進《まいしん》していた頃、国際社会は必ずしも安定した状況とは言えなかった。当時は米ソ超大国が大量の核兵器と弾道ミサイルを持って対峙する東西冷戦の時代である。その余波は、アジアではベトナム戦争の激化として現れていた。

ベトナム戦争は米軍基地を抱える日本にも影響を与え、大阪万博開催が決定した同じ一九六五年、小田実《おだまこと》を代表とする「ベトナムに平和を！　市民文化団体連合」が結成されている。言うまでもなく、のちの「ベ平連」へと発展する組織である。

米ソ超大国の対立はそのまま冷戦下の日本の国内状況へと反映されていた。保守政党である自民党と革新政党と呼ばれた社会党が対峙する五五年体制、1と1／2政党制の時代である。総理大臣は東京五輪直後に就任した佐藤栄作。沖縄は依然アメリカの占領下にあり、日本への復帰を果たすのは、一九七二年である。

とはいえ、そんなことを知るべくもない私が育ったのは、当時「文化住宅」と呼ばれていた長屋の一角だった。私と父母、弟の四人家族は四畳半と六畳の二間しかない狭い空間に暮らしていた。

自宅には風呂がなかったので銭湯に行かねばならず、その回数は夏にこそ毎日だったものの、冬は二日に一回だった。和式のトイレは、汲み取り式であり、ときどきやってくるオート三輪の汲み取り用車両は、幼い私には何だか未来の自動車のように格好よく見えていた。

家には小さな白黒テレビはあったものの電話はなく、公務員だった父は必要な際、近所に住んでいた上司に電話を借りに行っていた。電話はなかったものの、大きな一体型オーディオがあり、この機器は当時「ステレオ」と呼ばれていた。

わが家の自慢と言えば、没落した地方地主の子弟として生まれた父の趣味であった自家用車だった。狭い長屋の狭い庭は、日曜日になると父が無駄な改造を施し、よくわからないメーターをたくさん付けた、この明らかな身分不相応な〝贅沢品《ぜいたくひん》〟に占領されていた。しかも、夏にはオーバーヒートして止まってばかりいた。

長屋の周囲には水路があったが、悪臭が酷く、大雨が降るとあふれ出した。中小の工場の多い東大阪らしく、長屋の周囲に小さな町工場が点々と存在し、猛烈な悪臭をふりまく工場の合間を縫って、幼かった私は保育所や小学校に通った。

身近に「在日」の人たちはいたが

そんな当時の自らの生活を振り返って、朝鮮半島に関わる思い出を探してみよう。

最初に目に浮かぶのは、朝鮮学校の生徒たち、とりわけその女子生徒の特徴のある制服である。大阪をよく知る人なら容易に思い当たるように、私が幼い頃を暮らした地域は、現在でも在日韓国・朝鮮人が多く暮らす地域である。それゆえ出身地について話すと、私が在日韓国・朝鮮人であると誤解する人はいまでもきわめて多い。当時の家から徒歩一〇分ほどの所には大阪朝鮮高級学校も位置していた。

幼い頃の私にとって、制服姿の朝鮮人のお兄さんやお姉さんが周囲にいるのは当たり前で、同じような長屋が集中する一帯には多くの在日韓国・朝鮮人が住んでいた。だからこそ私もまた、彼らには日頃使っている「金田」や「木下」といった名前とは別に、「金」や「朴」といった名前があることも、いつしか知るようになっていた。

当時は、依然、在日韓国・朝鮮人のかなりの人たちが在日一世だった時代である。彼らの家にはすぐにわかる朝鮮半島固有の雰囲気が強く残っていた。だからこそ、子どもながら、彼らの家に遊びに行った際、「この家はどこか違う」という思いを持つことは多かった。

同時にわかったことがあった。子どもですら見ればすぐわかることでも、話題にすることが憚《はばか》られるものが何かあるらしい、ということだった。子どもにとって、朝鮮学校に通うお兄さんやお姉さんのいる家がどうなっているかは、興味津々だった。しかしそのことを口にしたとき、大人たちの反応は決して好ましいものではなかった。だからこそ、私も子どもなりに、この話題についてやがて触れないようになっていった。

私はこのように、朝鮮半島に関わるものが、ごく身近にある環境で育った。だがそれは幼い頃の私が、朝鮮半島の問題について大きな関心を抱いていたことを意味しなかった。

父は東京生まれで、岡山や群馬、埼玉を転々とした後、大学で土木工学を専攻し大阪府庁に就職した、いわゆる技官だった。母は福岡生まれで、大学卒業後は中学校で社会科を教えていた。戦前生まれとしては学歴に恵まれた両親は、家庭内で国際政治に関わる話をすることも多かった。しかし、その会話のなかで、韓国や北朝鮮に関わる話題はあまり出て来なかったように思う。彼らが朝鮮半島に特に関心を持っていなかったからか、あるいはあえて避けていたからかは、確認したことがないのでわからない。

それは幼い私も同じだった。外国への憧れはあったものの、その対象は決して韓国や北朝鮮ではなかった。

冷戦下、圧倒的に大きな存在を誇ったのはアメリカとソ連であり、一九七〇年の大阪万博でも、この両国のパビリオンは入場者数を競い合った。日中国交正常化以前であり、中国は存在感すら薄かった時代である。当然私もアメリカのパビリオンに行って、月の石を見たり、ソ連館で実物の有人宇宙船ソユーズに触れたりしたかった。だが混雑の嫌いな両親は、米ソのパビリオンには連れて行ってはくれなかった。

いずれにせよ、私はまだ幼く、友人が誇らしげに見せる外国のコインが眩《まぶ》しかった。一九七〇年代初頭、外国はいまだテレビ画面の向こう側の存在でしかなかった頃の話である。

BCLを通した「国際社会」との出会い

時代は高度成長期。周囲と同様に、わが家の生活水準も急速に改善された。一九七四年には、東大阪の長屋を出て、奈良県生駒《いこま》市の小さな一軒家に移った。当時の生駒市は開発途上で人口が増加する時期だった。わが家から少し離れた地域には、豪邸（と当時の自分には見えた）のある高級住宅地も存在した。

長屋時代の私の夢は、二階建ての家にいつか住むことと、天守閣の見える街に住むことだったから、一つ夢が叶ったことになる。わが家のテレビはいつしかカラーになり、家には電話が当たり前のように置かれていた。父親の自家用車もオーバーヒートしなくなり、家族は安心して真夏のドライブを楽しめるようになっていた。

このような生活水準の向上は、子どもたちと国際社会の関係も変えようとしていた。一九七〇年代に入り突如起こったBCLブームがそれである。Broadcast Listening の略であるB

ＣＬは、簡単に言えばラジオ放送、とりわけ海外のラジオ放送を受信することである。海外のラジオ放送の周波数は、国内の主なＡＭ波（中波）やＦＭ波（超短波）とは異なる短波だった。大気圏外の電離層に反射し丸い地球を沿うように広がるこの短波を使って、各国は自国の宣伝などを海外に向けて放送していた。

ＢＣＬブームにより普及した高性能の短波ラジオを入手した子どもたちの目標は、より遠くの国から、ほかの子どもたちが受信できない放送を聴くことだった。その電波の受信報告を発信元の放送局に送ると、放送局は「ベリカード」と呼ばれた受信確認証を返送してくれる。ＢＣＬブームのなかにあった子どもたちの間では、どんなベリカードをどれだけ持っているかが自慢となった。

しかし、ようやく東大阪の長屋から脱出したばかりのわが家である。豪邸の子どもたちが持っていたような高性能のラジオを両親が購入してくれるわけもなく、私は自分の小遣いで買ったラジカセで満足しなければならなかった。ちなみにラジカセとは、ラジオとカセットデッキが一体化した機器である。

とはいえ私はここで諦めなかった。なぜなら中波にも数こそ限られていたものの、日本に向けた日本語による国際放送が存在したからだ。受信できたのは、モスクワ放送と北京放送、それにラジオ韓国（ＫＢＳ）と、北朝鮮からの朝鮮中央放送の四つである。私は夕方になると、むきになってこれらの放送に耳を傾けた。考えてみればこれが私にとって、韓国との最初の直接的な出会いだった。

では、当時の私がラジオに張り付いて、ラジオ韓国の放送を聴き、その情報に熱心に耳を傾けていたかといえばそうではない。時代は一九七〇年代後半、韓国は朴正熙《パクチョンヒ》大統領による「上からのクーデタ」により樹立された維新体制下にあった。だからこそ日本における韓国のイメージも最悪といってよい状況だったからである。

当時のわが家のメディア事情は、両親が取っていた『朝日新聞』、私が五歳の頃に祖父を喪って同居するようになった祖母が取っていた『毎日新聞』、そして教員の母が「頼まれて」取らされていたという日本共産党の機関紙『赤旗』の三紙だった。ご丁寧なことに『赤旗』は日刊のみならず日曜版、さらにはある段階から、子ども用の新聞までが届いていた。

言うまでもなく、これらのリベラルあるいは左翼的な新聞は、朴正熙率いる軍事独裁政権に支配される韓国を暗いイメージで描いていた。当時の自分がこの国に肯定的なイメージを持つのはほぼ不可能だと言えた。

時代は一九七二年の日中国交正常化を経て日本中がパンダブームに沸き、七五年にベトナム戦争が北ベトナムの勝利に終わった直後である。だからこそ私の目もまた、韓国や北朝鮮よりも、ソ連や中国に対して向けられていた。私の本棚の上には暇つぶしに作ったミグ戦闘機のプラモデルがたくさん並んでいた。

一三歳、朴正煕暗殺の記憶

朴大統領 射殺される
独裁18年 流血の政変 韓国
KCIA部長発砲
夕食会で口論 警護室長ら五人も死ぬ
崔首相が権限代行 全土に非常戒厳令

朴正煕大統領暗殺を伝える『朝日新聞』（1979年10月27日夕刊）

そのような当時の私にも一つだけ、韓国に関わる鮮明な記憶がある。

一九七九年一〇月二七日、土曜日の夕方。自宅でのんびりとラジオを聴いていると、夕刊が届けられた。一面に大きな朴正煕の写真とその死を知らせる大きな見出しが並んでいた。さらに、両親に「『有故』って何？」と尋ねた記憶があるので、テレビでだろうか、韓国紙を見たのだろう。「有故」とは、暗殺事件の直後、その死を公にすることを憚った当時の韓国政府が使った「死去」の隠語である。とにかく巨大な朴正煕の写真がなんだか気味悪く、韓国は大変な国だなと思ったことが強く印象に残っている。

思えば、一三歳になるこの一九七九年は、大げさに言えばのちのキャリアを決める大きな事件があった年である。この年にはまず、元旦に米中両国の国交樹立があり、一月半ばにはイラン革命でパーレビ王朝が崩壊し、世界は第二次石油危機へと向かうことになる。

しかし、当時の私に最も衝撃を与えたのは、二月に始まった中越紛争、中国によるベトナム侵攻である。それまでも中ソ対立やベトナムのカンボジア侵攻など、社会主義圏内部の対立は知っていたが、数年前までアメリカに対して共に戦っていたはずの中越両国が、大規模な戦争を始めたのである、国際秩序は基本的に東西両陣営の対立からなっている――単純な図式で理解していた小学六年生には衝撃的な事件だった。

この事件を契機に、私は新聞の切り抜きを始めた。わが家に届く新聞のなかから、国際関係の記事を「スクラップ」して、専用のノートに貼り付け、その展開がわかるように整理したのである。一二月にはソ連がアフガニスタンに侵攻し、結果、それまで好意的に『赤旗』を読んでいた私の社会主義に対する意識は、わかりやすく一変する。

このように世界が大きく動いたこの時期、韓国でも大きな動きが存在した。一九七九年一〇月に朴正熙が暗殺されて以降、全斗煥《チョンドゥファン》らによる権力奪取の「粛軍クーデタ」から「ソウルの春」と呼ばれた民主化への動き、さらには翌一九八〇年五月、反政府の民衆蜂起と武力鎮圧による多数の死者を出した光州事件へと至る時期だからである。

しかし、私は韓国の動きをさほど重要だとは思ってもいなかった。民主化への動きは、日本メディアが大きく報じたこともあり、一三歳の私も知っていた。さりとてソウルの春がそのまま成功し、韓国が民主化されるとは、まったく信じていなかったからである。

一九六六年に生まれた私にとって韓国とは、生まれたときから軍事政権下にある国であり、金大中拉致事件（一九七三年に東京で韓国中央情報部に拉致されソウルに連行された）や文世《ムンセ》光《グァン》事件（一九七四年に在日韓国人の文世光が朴正熙の妻を射殺）に代表される事件が頻発する、暗いイメージの国家でしかなかった。加えて、南ベトナムが崩壊し、台湾が国際社会から見捨てられつつあった一九七〇年代末、同じ東アジアの分断国家である韓国の行く末は風前の灯にしか見えなかった。ソウルの春の呼び名は、一九六八年の「プラハの春」に由来するが、そのチェコスロバキアの民主化運動も結局は失敗に終わったことを、頭でっかちの中学生だった私は知っていた。

だからこそ、光州事件が報道されたときも、「ああやっぱり」という思いが強かった。

時代は先のソ連のアフガニスタン侵攻を契機とする、西側諸国による一九八〇年のモスクワ五輪ボイコットへと向かっており、ラジオは、西側陣営を猛烈に批判するモスクワ放送のプロパガンダを流していた。楽しみにしていたモスクワ五輪は、結局〝片肺〟の不完全な大会に終わり、私は急速に社会主義国への関心をなくしていった。冷戦は依然として厳然たる現実であり、当時、日本でもベストセラーになっていたジョン・ハケットの『第三次世界大戦』の翻訳を読みながら、この世界はどうなっていくのだろうと、考えていた。

2　バブル経済の到来――身近になった外国

バブル時代がやってきた

幼い私が国際関係に淡い関心を寄せた短い時代が終わり、時代は一九八〇年代へと突入する。大人びているかのように自らを演じていた幼い時期は終わり、私はごく当たり前の、そしてとてもパッとしないティーンエイジャーになっていた。

幸いなことに勉強はある程度でき、運動も人並程度にはできたので、公立学校で過ごした中学時代は楽しかった。しかし、ここで私の楽しい子ども時代は終わりを告げる。あまり苦労せずに合格した高校だったが、中高一貫教育の過程に途中から編入したため、一年生からいきなり高校二年生の教科書で進む授業にまったく付いて行けなかったからだ。

こうして自暴自棄の高校時代がやって来た。進学校らしく、高い志に満ちた友人たちが、日本社会や世界について語り合う。私は一人いじけていた。男子校でもあり異性の友人もできず、まさに「負け犬」という表現が相応《ふさわ》しい生活を続けていた。

そんなわかりやすい挫折のなかにあった高校生に、国際情勢に関心を寄せる余裕があるはずがなかった。ハンドボールとギターの練習に明け暮れる生活を送るなか、それでも二年生後半から成績はそれなりに向上し、私は世の中を舐めきったまま大学受験に臨んだ。結果は共通一次でこそ善戦したものの、二次試験で惨敗。屈辱の浪人生活が待っていた。

時は一九八五年、高校野球で清原和博と桑田真澄がいるPL学園が夏に優勝し、秋には阪神タイガースが二一年ぶりの優勝を果たす年である。興奮した大阪の人々がランディ・バースの代わりにカーネル・サンダースを胴上げし、次から次へと道頓堀川に飛び降りるなか、大阪は中津にあった予備校に通う私は、当然のようにますますいじけていた。

他方で、のちに私の転機をつくる状況が生まれつつあった。阪神タイガースが優勝する一ヵ月足らず前の九月二二日、アメリカのニューヨークで会合したアメリカ、日本、西ドイツ、フランス、イギリスの五ヵ国は、ドル危機の再燃を恐れて協調的なドル安路線を取ることで合意する。いわゆるプラザ合意である。結果、ドル円レートは急激に上昇、九月二三日一ドル＝二三三円だったレートはわずか一年の間に一五〇円にまで上昇する。

周知のように円の急騰は、結果としてバブル景気と呼ばれる未曽有の好況を日本にもたらした。この好景気の恩恵は当時の大学生たちにも及ぶ。急速な円高は、初めて、「学生時代に気楽に海外に行ける世代」を誕生させたのである。

大学に進学していた友人たちは、これ幸いと海外に足を運んだ。新聞やテレビなどの情報や、雑音交じりのラジオ放送で接するしかなかった外国が私にも急に身近になっていく。ある日突然、友人たちが「アルバイトしてカネが貯まったから」と、ニューヨークやパリに行くのである。「木村、ロンドンは楽しかったぞ」と、桟橋に親から買ってもらった新車を停めて無邪気に語る友人の話を聞きながら、大阪のにじむ街の灯を一人眺める孤独な浪人生活は、それでもどうにか翌春には終わりを告げた。

「最初で最後の海外旅行だから」と拝み倒し

さて、そろそろ「韓国はどこに行った」という読者の声が聞こえてきそうなので、話の先を急ぎたい。

京都大学法学部に入学した私は、司法試験受験の準備を進めた。そこには頑張って司法試験に他人より早く合格すれば、失った浪人時代の一年を取り戻すことができる、という実にさもしい計算があった。

しかし、時代はバブル景気真っ只中である。京都大学は自由放任と言えば聞こえがよいが、いまでは想像もできないほどゆるゆるの教育しかしておらず、友人たちの多くは授業に出るのもそこそこに、アルバイトやサークル活動に勤《いそ》しんでいた。夏休みになると、アルバイトで資金を貯めた彼らの何人かは、やはり次々と海外へ足を運んでいた。

率直に羨ましかった。自分も海外に行くことはできそうな気がする。ただ、バブル景気の真っ只中にもかかわらず、「学生時代は貧乏をするものだ」という信念を持つ両親は、大した仕送りをしてくれず、手持ちの資金はあまりなかった。

他方、実家はこの時期、かつての長屋での貧乏暮しはどこへやら、両親がともにフルタイムで働いてきたこともあり、すっかり豊かになり、長野県に別荘まで持つようになっていた。だからこそ思った。一回くらいは資金を出してもらってもいいのではないかと。虫のいい話である。

そうして両親を「最初で最後の海外旅行だから」と拝み倒し、その願いは叶う。大学一年の一九八七年二月、私は初めて海外へ行くことになった。行先はアメリカのロサンゼルス。できるだけ長く滞在したかったので、二〇万円以上の料金を仲介業者に払ってホームステイ先を確保した。フライトはのちに何度も使うことになる大韓航空。この時点で韓国には何の思い入れもなく、「予約が取れなかったマレーシア航空の次に安かった」からに過ぎない。

当時、関西国際空港は建設中であり、関西の「世界への窓」は、大阪国際空港こと伊丹空港だった。まず伊丹空港から韓国の金浦空港へと飛び、ここからロサンゼルス行きの飛行機に乗り換えて、アメリカに到着するはずだった。

しかし、この日の天候は雪、フライトは大きく遅れた。当初の予定では、金浦空港で若干の時間があるはずだったから、一瞬なりともイミグレーションを潜《くぐ》り、韓国の街並みを見たいと思っていたのだが、それはこの時点では叶わなかった。それでも空港だけでも時代の雰囲気は何となく感じられる気がした。

いまだ全斗煥率いる軍事政権下にあった金浦空港の雰囲気は暗く、私は当然のように、かつてテレビで見た、よど号ハイジャック事件の一場面を想像した。いずれにせよこのときが、私が人生で初めて本物の韓国に触れた瞬間である。

予定したフライトには乗れずロサンゼルスに着いたときは真夜中だった。アメリカでは、南カリフォルニアのオレンジ郡にあるサンクレメンテという小さな街で三週間余りのホームステイを行った。追加料金が払えず語学学校には行けなかったので、毎日のようにバスに乗って街を散策し、ブロークンな英語を話しながらさまざまな場所を見て回った。

リチャード・ニクソンの自宅があったサンクレメンテは、豊かな高級住宅地であり、日米両国の生活水準の違いに打ちのめされた。バブル景気に浮かれ、「これからは日本の時代だ！」という声が飛び交う日本との絶望的な格差を感じつつ、安いピザを齧《かじ》りながら、トム・クルーズが映画『トップガン』の撮影を終えたばかりの南カリフォルニアのあちこちの街をバスで回った。

壁を隔てた富と貧困

実はこの最初の海外旅行で私は衝撃を受け、研究の世界へ進むことになった。それはアメリカではなく帰国直前に何気なく立ち寄ったメキシコでの出来事だった。

カリフォルニア州の南端サンディエゴは、メキシコの街ティファナと国境を接し、七二時間以内ならビザなしでメキシコ側を訪問できた。このティファナの街の状況が、当時の私には衝撃だった。それはメキシコの人々が貧しく、街の様子も混沌としていたからだけではない。何よりも驚きだったのは、アメリカでも有数の豊かな地域の近くに国境があり、その国境を越えるとそこに歴然たる貧困が存在していたからだ。

初めての海外旅行で、これを目にした二〇歳の私はこう考えた。なぜこの世界には、こんな貧困や混乱が存在するのだろう。発展途上国の人々の問題は、日本のさまざまな問題よりもはるかに深刻で重要なのではないだろうか、と。私の関心は国内問題の解決を意識した司法試験から国際問題へと変わっていく。

発展途上国をめぐる問題とはどんなものであり、自分は何ができるのか。生真面目な大学生らしい疑問を持った私は、「最初で最後の海外旅行」と大見得を切ってしまったため、実家からの資金が期待できるはずもなく、ここからアルバイトをしては資金を貯め、海外に行くことを繰り返す学生生活を過ごすことになった。

一九八八年、大学二年生の春休みに二回目の海外旅行先として選んだのは、バングラデシュとインドだった。メキシコを見て「何て酷い貧困なんだ」と考えていた私の思いを、この両国、とりわけバングラデシュは嘲笑《あざわら》うかのように迎えてくれた。現地の大学生に頼んで訪れた農村には当然のように電気や水道もなく、食事中に生水を飲んだ私はわかりやすく食中毒となり一週間で一五キロも体重が落ちた。

インドのカルカッタ（現コルカタ）ではマザー・テレサが経営していた救護施設アシュラムで数日間のボランティアも行った。このおよそ二ヵ月の南アジア滞在は、私が研究者の道へと進むのに決定的な体験となった。

翌一九八九年、大学三年生の春休みには中東へ向かった。ソ連の国営航空会社だったアエロフロートに乗ってモスクワ経由でカイロに到着し、そこからヨルダン、イスラエル、そして再びエジプトに戻り、西はシワ・オアシスから南はアブシンベルまでの砂漠をバスで走って回った。

イスラエルでは、「インティファーダ」と呼ばれたパレスチナ人の抵抗運動が行われ、薄暗いレストランの一室で彼らの思いを聞かされた。旅行に慣れたこの頃ではバスで意気投合した現地人の家に泊めてもらうこともあった。彼らとポートサイドの街でスエズ運河のほとりに腰かけて、「神はいるのか」と語り合った夜も忘れられない。帰りにはモスクワに立ち寄り、崩壊寸前のソ連で名物となっていた配給を待つ人々の長い行列も目撃した。

ともあれ、こうして私の関心は国際社会へと移ったものの、韓国についてはまったくと言っていいほど関心がなかった。この私が学部時代を送った一九八六年から九〇年は日本中がバブル景気に躍るなか、世界が大きく変動した時期だった。一九八五年に超大国ソ連の共産党書記長にゴルバチョフが就任し、ペレストロイカと呼ばれた一連の改革が、周辺国にも大きな影響を与えた。そしてまもなく世界は冷戦崩壊のときを迎えることとなる。そのなかで朝鮮半島での出来事は私にはあまり重要には思えなかった。

アジア競技大会とソウル五輪

しかしいまから振り返れば、この時期の朝鮮半島、とりわけその南半の韓国は大きな変化の只中《ただなか》にあった。

一九八七年の民主化、つまり朴正煕政権から全斗煥政権へと続いた軍事政権の終わりと、翌八八年のソウル五輪開催はもちろんこの時期の韓国における最重要の出来事である。だが当時の私の印象に最も強く残ったのは、この二つに先立つソウルでのアジア競技大会だった。一九八六年秋に開催されたこの大会は、ソウル五輪の予行演習の意味もあり開かれたが、私はこれに少し特殊な関心を持っていた。

当時、一九八〇年のモスクワ五輪は、ソ連によるアフガニスタン侵攻に抗議する西側諸国によりボイコットされ、続いて八四年のロサンゼルス五輪は東側諸国によりボイコットされた。このような状況のなか、全斗煥政権による抑圧的体制下の韓国で、国交すら持たない東側諸国を迎えて五輪が開催できるのか。だからこそ、そのソウル五輪のプレ大会とも言えるアジア競技大会についても、「うまくできるはずがないのではないか」とやや冷めた気持ちで、京都国立博物館すぐ裏の安アパートでラジオ韓国に耳を傾けていた。

しかし、アジア競技大会は無事に開催されたのみならず、予想以上の成功を収める。さらに驚くこともあった。アジア競技大会では、それ以前に開催された九回すべてで日本が最多メダル数を記録していた。それを急速に台頭する中国が抜くのかが、この大会の一つの焦点だった。

けれど大会が始まると、韓国が日中の争いに割り込んでいく。結果は金メダル数では中国が九四個で一位、韓国は九三個で二位、さらにメダル数では韓国が二二四個で一位だった。日本は金メダル数で中韓両国に大きく後れて五八個、全体のメダル数でも二一一個と韓国の後塵《こうじん》を拝す結果に終わった。

このアジア競技大会の結果は、幼い頃から抱いていた韓国のイメージ、つまり混乱した暗くて貧しい独裁国家という認識を変えるきっかけになった。その思いは翌一九八七年の民主化、八八年のソウル五輪開催によって再確認される。特にソウル五輪では、米ソ主催の五輪がそれぞれ不完全な開催に終わった直後であったにもかかわらず、分断国家の韓国がこれを成功裏に終わらせたことに素直に驚かされた。

加えて私が目を見張ったのは、テレビを通したソウルの街並みだった。当時の私は、発展途上国を訪ねていた頃であり、韓国の姿は私が見たどのアジア諸国よりも発展しているように見えた。「韓国では自分が知らないことが、何か起こっている」。そう思いながら、ソウル五輪の閉会式を見たのを覚えている。

とはいえ、これらの認識の変化によって、私にとって韓国が特別な国になったわけではない。一九八七年の韓国の民主化は、前年に実現したフィリピンの民主化の再現に思え、ソウル五輪の成功も、韓国の努力である以上に、ゴルバチョフ登場後の世界が、東西融和へと向かっていた結果に見えた。当時の私にとって重要だったのは、当たり前に考えてきた冷戦下の国際秩序が急速に変わりつつあることであり、韓国の変化も単にその一部としてしか捉えていなかった。

経済についても同様だった。一九八〇年代はＮＩＣｓ（Newly Industrializing Countries）あるいはＮＩＥｓ（Newly Industrializing Economies）と呼ばれた新興経済圏の発達が注目された時期であり、韓国はそのなかの主要な一ヵ国・地域に数えられていた。そこではバブル経済全盛の日本を筆頭に雁行《がんこう》する東アジア諸国の経済発展の姿が描かれ、その要因として儒教文化論が盛んに唱えられていた。ここでも私は、韓国を大きく変化する世界の一部としてしか考えていなかった。

第1章　希少価値の韓国研究者——1990年代初頭

1　「消去法」での隣国選択——発展途上国への関心

「大学の教員を目指してみたいんです」

激動の一九八九年がやってきた。

六月に第二次天安門事件が起こり、一一月にはベルリンの壁が崩壊し、一二月二九日には日経平均株価が今日に至るまでの最高値である三万八九五七円四四銭を記録する。この年、私は大学四年生になっていた。

バブル景気が頂点を迎えるころ、友人たちは金融機関に就職し、公務員試験に合格し、司法試験に本格的に取り組むべく覚悟を決めつつあった。しかし、私はこの時点ですぐに社会に出る気にはならなかった。

世界での貧富の格差に関心を持った私は、国際機関の職員を目指そうとしていた。そのためには修士号が必要である、という記事をどこかで読み、大学院進学を視野に入れるようになっていたからだ。長期の休みのたびに海外に行く一方で、学期中は発展途上国に関わる授業に出席し、当初はほとんど関心を持たなかった大学の授業を面白いと思うようになっていた。法学部で発展途上国についての授業は、インド政治研究者の木村雅昭《きむらまさあき》先生の講義しかなく、ゼミの指導教員は当然のように木村先生を選んだ。ちなみに先生との血縁関係はない。

一九八九年の夏、天安門事件の終息が近づいていた頃、私は木村先生の研究室を訪れて進路を相談した。

「大学の教員を目指してみたいんです」。当初は国際機関への就職を視野に入れての大学院進学希望だったはずなのに、木村先生を前に口にしたのはこの言葉だった。授業に出ている間に、大学の教員へのあこがれがいつしか生まれていた。「研究者になりたいんだな」と先生は問い返した。大学の教員になることは研究者になるという理解は、私のなかには実はその時点まで存在しなかった。「だったら研究対象を選びなさい。理論か地域のどちらかからアプローチするといい」、先生はそう答えて下さった。そこから何を研究するのか初めて考えるようになった。国際機関に就職する考えは、いつのまにか消えていった。

木村先生が、理論の候補として渡してくれたのは、人類学者クリフォード・ギアーツの著作だった。それからしばらくの間、興味深く原著を読んだものの、これを研究する気にはならなかった。とは言えほかにアイデアもなく、地域から選ぶしかないなと考えた。

当時は、イスラエルやエジプトから帰国した直後だった。中東がよいと思って木村先生に相談したところ、「この地域は語学ができないと難しいぞ」と言われた。さらに木村先生は指摘された。アラビア語は難しい。日本の研究よりも欧米諸国での研究がはるかに進んでいる。海外の研究者と勝負をするには英語やフランス語でも論文を書く必要がある。大学受験で英語に苦労し、大学でも第二外国語のフランス語を一回落としていた。語学が難しいところは無理かもしれない。

韓国の選択は……

夏休み中、さまざまな本を読み、どの地域を研究しようか考えた。木村先生の言葉で心に残ったのは、「研究者としてやっていくなら、海外の研究者として伍《ご》していかなければならない」だった。だからここから考えた。日本、それも京都という地方都市にいて海外の研究者と互角に戦うには、どの地域を選ぶのが適切なのかと。

アフリカは旧宗主国のイギリスやフランスの研究者が強いだろう。インドを始めとする南アジアもそうだろう。ラテン・アメリカはアメリカ人研究者の独壇場だし、天安門事件直後の中国に行って研究するのは厳しそうだ。小さな国を研究しても需要が少なく、研究者として生きていくのは大変そうだ。だとすれば残るのは、朝鮮半島か東南アジアか……。

京都大学には東南アジア研究センターがあり、この夏休みに研究センターの夏季セミナーにも通ったので興味はあった。だが少し悪い噂があった。のちにセクシャル・ハラスメントで裁判となる矢野暢教授をめぐる話である。詳しいことはわからなかったが、ギクシャクした人間関係があることは明らかであり、できるなら避けたいと考えた。

閉ざされた北朝鮮が研究対象として難しいことは明らかだった。そうだとすると、選択可能な研究対象は韓国しかない。韓国語は日本語に近い言語で、習得も比較的楽だろう。図書館で調べた範囲では、欧米諸国での研究もそれほど活発には思えなかった。前近代の公文書は漢文であり、日本統治期は日本語である。韓国の人々とのハンディキャップも小さいに違いない。さらに言えば、日本国内における朝鮮半島の議論は、政治も歴史も強いイデオロギー色を帯びている。フラットに分析すれば、自分が入り込める余地もありそうだ。

いまになって思えば、すべては何も知らなかったがゆえの妄想なのだが、ともかくそう考えた。

重要なことは当時の私には、韓国は単なる発展途上国、アジアやアフリカの一ヵ国に過ぎず、そこに特別な思い入れがなかったことである。だからこそ、数ヵ月前に天安門事件がなければ研究対象として中国を、悪い噂がなければ東南アジアを研究対象としていた可能性が大いにあった。いや、きっと韓国以外の国を選んでいただろう。

こうして私は研究対象に韓国を選んだ。だが消去法の結果である。これだけではとても、木村先生にまともに報告できるはずがない。そこから韓国を選択する後付けの、少し前向きな理由を探すことにした。

それまで私は発展途上国の貧困や権威主義体制、さらには内戦などの否定的な要素に関心を向けていた。だがここで発想を転換する。一九八〇年代末、発展途上国の多くは経済的低迷のなかにあり、民主化も遠い将来のことに思えた。だからこそ、急速に経済成長し、民主化が進む韓国を研究することには意味があると思うことにした。韓国を研究すれば、発展途上国がどうすれば経済成長し、また民主化できるのか、その鍵が見つけられるのではないかと。それを後付けながら韓国を研究する理由にしたのである。

韓国語の独学

こうして私はかなり機会主義的な発想から、韓国を研究対象として選んだ。多くの人は何らかの韓国への思い入れを持ち、そこから研究を始める。その意味で私の選択はかなり特異だったかもしれない。

当然のことながら、それまで韓国について関心があまりなかったので、研究の準備を一から始めなければならない。その最初は何か。海外へのバックパッカーとしての経験から、地域を知るためにはまずは言語ができなければならないと痛感していた。

だからまずは韓国語の習得である。当時、京都大学には朝鮮語／韓国語のコースはなく、独学しかなかった。経済的に余裕があるとは言えなかったので、大学の近くの古書店で一番安いテキストと「朝鮮語辞典」を買い、夏休みの終わり頃からテキストを黙々と読み始めた。発音についてはNHKラジオのハングル講座とラジオ韓国の国際放送に頼るしかなく、矯正してくれる人はいなかった。

当初は、いまからすれば笑い話でしかないことがよくあった。

最初に購入したテキストを読み進むと、「朝鮮語では『さん』に当たる表現として、『トンム』を使います」という趣旨の例文があった。たまたまゼミで木村先生にそのことを話すと、「それは中国語の『同志』みたいな表現じゃないか」と指摘された。

あわてて確認すると「同務」の意味で、北朝鮮での用語だとわかった。韓国を研究するのに北朝鮮の用語法じゃまずい。古書店で違うテキストを購入した。新しいテキストでは、「韓国のビジネスの現場では『さん』に当たる表現として、『ミスター』や『ミス』を使います」と書いてある。いまの韓国では使わない表現だが、漠然と同じ民族は同じ言語だと思っていた。しかし冷戦下の南北分断はこのような形で影響を与えるんだ、と思い知らされた。

日韓共同きっぷによる初の韓国上陸

そのような独学を始めてから四ヵ月、一九八九年一二月に初めて韓国を訪問する。これは学部のゼミ旅行で行き先を決める際、「木村幹君が大学院に入って韓国の研究をするらしいから、韓国に行こう」という提案で決まったものだった。

当時はJRが「日韓共同きっぷ」という名の、新幹線、関釜フェリー、韓国の鉄道をセットにしたチケットを販売していた。新大阪—ソウル間で片道一万八〇〇〇円程度、これを利用した。新大阪から小倉まで新幹線、さらに関釜フェリーに乗って一晩かけて釜山に向かった。フェリーには日韓両国の物価差を利用した「運び屋」をする人たちも乗っており、彼女らの横にはたくさんのバナナや炊飯器などの電気製品が積まれていた。

一九八九年一二月八日、私は、渡米のための乗り継ぎを別にすれば、釜山で初めて韓国の土を踏んだ。こうして指導教員を含む九名の一行は、私の独学によるたどたどしいという以前のレベルの韓国語で案内されながら、釜山で一泊後、セマウル号でソウルに入る。

ソウルでは朝鮮王朝の王宮である景福宮や昌徳宮、さらには昌慶宮まで回ったところで友人たちから「宮殿ばかり回ってどうする」というクレームも入った。最後は南北境界線（D

MZ）ツアーで板門店を訪問後、現地解散となった。当然のように現地に残った私はその後一人で、仁川、公州、扶余、全州、安東、慶州とバスで回り、釜山に戻って来てから、もう一度、関釜フェリーに乗って、約二週間の訪韓を終えて帰宅した。

この韓国訪問はいまでも私の記憶に鮮明に残っている。釜山からソウルに向かう列車のなかでは、隣に座った木村先生から「今回は君にとって一回目の韓国訪問だから決定的に重要だ。すべてが新鮮に見えるだろうから覚えておけ。ある程度勉強したら、その新鮮さはなくなってしまうからだ」と言われていた。当時は木村先生の言っている意味を理解していなかったが、いまではよくわかる。この最初に見た韓国こそが、その後の私がこの国を理解する際の原点となっているからだ。

結論から言えば、私にとって初めての韓国の印象は「驚くほど当たり前の国」だった。メキシコやバングラデシュ、インド、エジプト、ヨルダンを旅行してきた私には、英語こそあまり通じないが、治安も衛生状態もよく、交通機関も発達した韓国の旅行は、快適を超えた、刺激のない、あまりにも当たり前のものだった。

街にはスパイの申告を呼びかける看板こそあったものの、幼い頃にイメージした「独裁政権下の暗い国」の姿も、テレビで見た民主化運動や大統領選挙時の大規模集会も見当たらず、バングラデシュの総選挙で装甲車の走る姿を見、イスラエルでインティファーダに遭遇した私には、初めて訪れた韓国はあっけないほど平和に見えた。

修士論文とソウルでの呆然

一九九〇年四月、私は京都大学大学院法学研究科に進学し、研究者生活らしきものを始めることになった。

研究の主題はすでに決まっていた。近代初期の状況を研究し、なぜ今日目覚ましい発展をしつつある韓国が、一九世紀には近代化に失敗したのかを突き止めようとしたのである。背景には指導教員の木村雅昭先生の、さらに指導教員に当たる勝田吉太郎先生の講義で聞いた一九世紀ロシアの話があった。

ナポレオン戦争後のロシアは、その後、「デカブリスト」と呼ばれた近代化を求める青年将校の反乱に見舞われる。勝田先生はここで彼らが軍人だったことが重要だと説いた。軍人こそが近代化過程で最も強い危機感を持つ人々だからだ、というのがその説明だった。だから韓国でも近代化初期の軍人たちの動きを追えば何かがわかるのではないかと考えた。

紆余曲折を経てこの研究は、一九九二年一月に「『儒教的レッセフェール』と朝貢《ちょうこう》体制——近代朝鮮における「上からの改革」を巡る——考察」という表題の修士論文として提出し、のちに私の最初の公表論文として、九月に『法學論叢』に掲載された。その後、私の最初の単著『朝鮮／韓国ナショナリズムと「小国」意識』（ミネルヴァ書房、二〇〇〇年）の第四章となっている。研究者としての出発点で私が何を考えていたかについては、詳しくはこちらを見て欲しい。

さて、大学院で研究を始めたこの時期は、毎年冬に韓国を訪問するのが倣《なら》いになっていた。したがって二回目の韓国訪問は一九九〇年一二月だった。約一週間の滞在である。目的は修士論文の資料収集だった。朝鮮王朝期の文献所蔵で有名なソウル大学の奎章閣《けいしょうかく》の資料を見るのが主たる目的である。インターネットがない時代、事前にどうすればソウル大学で資料を閲覧できるかなど知る術もなく、とにかく直接、訪問した。そこで私は奎章閣の利用には、ソウル大学の教員の紹介状が必要であると説明され途方に暮れる。

呆然と立ち尽くす私の前に、たまたま一人の日本人学生が現れたので助けを乞うと、彼は自分の指導教員を紹介してくれた。この学生は京都大学からソウル大学人文学研究科に留学していた藤永壮（現大阪産業大学教授）さん。紹介してくれたのは金容徳《キムヨンドク》先生だった。のちに韓国政府傘下の研究機関である東北アジア歴史財団理事長にも就任する金容徳先生は、韓国を代表する日本史研究者だった。だが当時の私はそんなことは知る由もなく、ただお礼を言うのが精一杯だった。

この時期、韓国での資料調査の情報を得るのは容易ではなく、行き当たりばったりの試行錯誤を繰り返さなければならなかった。結局、この最初の調査旅行ではソウル大学および国立中央図書館（日本の国会図書館に相当）で若干の資料や論文を集めるにとどまり、研究は主として日本国内に所蔵された資料に頼ることとなる。

当時の母校では「集められる資料はすべて集めて見ろ」という指導が行われていたので、言われるままに図書館の相互利用サービスを使って、集められるだけの資料を集めた。そのようななか、とても助けられたのが、当時神戸市の須磨区にあった「青丘文庫《せいきゅう》」だった。

青丘文庫はケミカルシューズの製造で成功した韓晳曦《ハンソッキ》氏が私財を投じて設立した私設図書館である。当時、日本の大学にあまりなかった韓国語の学術雑誌や刊行資料を多数所蔵していた。韓晳曦氏の死後、蔵書は神戸市に寄贈され、一九九六年以降は神戸市中央図書館の一角の青丘文庫として再オープンする。

豊富な資料を大量にコピーした結果、コピー代の持ち合わせがなくなり、「次回訪れた後、まとめて払う」という約束でその場は許してもらったこともあった。その後数ヵ月間、訪れる余裕がなく、「コピー代を踏み倒すつもりか」と当然のようにこっぴどく怒られた。申し訳ないかぎりである。

2 初留学——「特約」の下宿、間近で見た大統領選

二六歳での就職内定、初の韓国留学

さて、こうして何とか書き上げた修士論文は思いのほか好評で、私は博士課程に無事に進学する。と同時に、就職の話が舞い込んでくる。

当時はいまと比べれば研究職も就職の間口が広い時期であり、加えて政治学専攻での韓国の研究者が少なかった時代である。私は博士課程進学後のある日、木村先生の研究室に呼び出され、こう切り出された。

「愛媛大学にポストがあるが、行く気はあるか」。まさかこんなに早いタイミングで就職があるとは思わなかったので、正直、かなり驚いた。だが、当然拒否する理由はない。「もちろん行きます」と返答すると、先生は続いてこう切り出した。「就職したらいつ現地に行けるかわからないから、いまのうちに韓国に行っておけ」。愛媛大学への赴任は一九九三年四月からだった。こうして修士論文を書き上げてのんびりするまもなく、私は韓国への短期留学とその後の愛媛大学への赴任の準備を始めた。記憶が間違っていなければ一九九二年五月頃の話である。

とはいえ、そもそも資料収集の方法すら満足に情報が手に入らない時代である。韓国に留学するといっても、どこからどう手を付けていいのか見当もつかなかった。当時の京都大学には韓国の大学との交換留学のシステムはなかったはずであり、とりあえず図書館にある韓国の大学に関する資料を読み漁《あさ》った。そこから韓国国際文化協会という組織が、韓国留学への奨学金支給をしていることを知り、早速資料を取り寄せた。

しかし、当時の韓国政府は来るべき本格的な国際化に備えて、組織改編を進めており、韓国国際文化協会もまた韓国国際交流財団へと改組される最中にあった。奨学金の募集は停止しており、そのことを知った私は途方に暮れた。

受け入れ先の大学については資料調査で足を運んだソウル大学を考えていた。ソウル大学のパンフレットには“Special Student”の受け入れが可能と記載されていたが、問い合わせると、募集は行っていないというつれない返事。メールはもちろんなく、自宅にファクシミリもなかったこの時代、やり取りは国際郵便であり、書簡の一往復に一週間以上を必要とした。結果、瞬く間に月日は過ぎ、受け入れ先が未定という事態となった。

結局、私は博士課程に入ってから支給される育英会（日本学術振興会の前身）の奨学金を、休学することなく受け取って留学費用に回すことにした。留学先の大学院は見つけられず、ソウル大学にある語学研究所付属の語学学校に行くことにした。そもそもこの時点でソウル大学以外の韓国の大学には行ったことすらなかったので、それ以外の選択肢はなかったと言っていい。

留学先を決めてから、あらためて思ったのは、私は韓国語がほとんど話せないことである。この時期までには修士論文の執筆のため、読むことは少しはできるようになっていた。だがテキストのみの独学である。会話はほとんどできない状態だった。仕方なく、なけなしの貯金をはたいて京都市内中心部にあった語学学校に通った。

ソウルでの住居をどうするかなど皆目見当もつかなかったが、経済学部の堀和生先生がソウルにたまたま滞在するとのことで、下宿を紹介してもらった。修士課程一年生のときに韓国語の外書購読の講義に参加させてもらった縁である。考えてみれば、さまざまな幸運に恵まれた大学院生生活であった。

「特約」付きのソウルの下宿

こうして愛媛大学赴任まで、私の半年間に及ぶ記念すべき最初の韓国留学が始まった。韓国の新学期は日本より一ヵ月早い三月からだ。だから秋学期の開始は半年先の九月になる。私は九月初めに大阪国際空港からではなく、日韓共同きっぷで新大阪駅から韓国に向かった。この時期の私は渡韓に飛行機をまったく使っていない。LCCなどあろうはずもなかった時代、韓国行き航空券は往復五万円前後と高い。時間は余るほどあったので、カネを時間で買っていたわけだ。荷物はボストンバッグ一つ。身軽と言えば身軽である。わずか半年の留学だったが、当時大阪駅前に建設途中だった空中庭園を見ながら、「しばらく日本にも帰ってこないのか」と感傷に浸ったのを覚えている。

下関から関釜フェリーに乗って夜を過ごし、釜山で入国したのは九月三日。そのままソウルに向かい、その日の昼過ぎに堀先生に紹介してもらった下宿に入った。グーグル・マップなどあるはずもなく、ソウル市内の地図すら持たなかった私は『地球の歩き方』と、先生からもらったきわめて簡単なメモだけで現地に向かった。

下宿先はソウル大学に近い冠岳区新林洞。家賃は月三六万ウォンだった。当時は約一円＝六ウォンだったから一ヵ月六万円ほどである。当時、京都の下宿先の家賃が月二万円、その三倍である。しかも、部屋の広さは四畳半ほど、小さな窓が一つあるだけだった。トイレは共同、台所や風呂は付いていない。私はソウルの物価を舐めていたことを後悔した。

ただしその代わり、朝夕の食事と洗濯は下宿のおばさんがしてくれる契約であり、食事には「一週間に一回は肉を出す」という特約のようなものが付いていた。裏を返せば、そのほかの日には肉が出ないこともあり、心のどこかで、「韓国だし月六万円も払えば、毎日肉がたくさん食べられるだろう」と思っていた私の期待は、見事に裏切られた。

実は高い家賃には理由があった。一つはこの「肉が食える」条件である。この条件は韓国の学生たちにとってはきわめて重要だったらしく、一度何らかの事情で下宿のおばさんが肉を買い忘れたときには、学生たちが激しくこれに抗議する場面に遭遇した。

食事は定められた時間に全員がリビングに集まって一緒に食べる決まりである。リビングにはテレビもあったので、必然的に同じ下宿の韓国人たちと話す機会は増えた。なお、下宿のルールは柔軟で、肉が出る日には友人を連れてきて、一緒に食事をする学生もいた。

高額の四畳半、語学の苦難

家賃が高額だったもう一つの理由は、一人部屋だったことである。韓国ではこれを「独房」と言うが、当時、韓国の学生はほとんどが何人かとの相部屋だった。だからこそ、当時の韓国では、わずか四畳半ほどの部屋であっても、学生が一人で一部屋を占領することは贅沢だった。バブル期に大学生活を送った私には、会ったこともない韓国の学生と寝起きをともにすることは考えにくく、数人分の費用を払って一部屋を占領していたのである。

下宿のおばさんもそこに住む学生も親切だったので、初めての韓国生活はとても楽しかった。ただ少し困ったのは、何事も共用だったことである。彼らは出回り始めたパソコン一台を皆で共有していたが、時に衣服すら共有した。そのため私は洗濯に預けた自らの衣服を、ほかの学生に誤って着られないように名前を書かねばならなかった。

また、私は当時の韓国では少なかった外国人留学生であり、加えて下宿で最年長の博士課程の大学院生だったため、学生たちは過剰なまでに気を遣ってくれる。学生たちは夜になるとテレビの前に集まり、ともに話しながら買ってきたビールやマッコリを飲むことが多かった。最年長の私を放置しておくのは失礼かもしれないと思うらしく、たびたび私の部屋のドアを叩いて誘ってくれた。飲み会は時に深夜に及び、翌日の語学学校の授業に備えて眠りにつきたい私は、十分に眠れず朝を迎えたことも多かった。

とはいえ、それは私にも責任が多々あった。当時の私は韓国語が著しく不自由で、「眠いから寝させてくれ」という説明すら、うまく伝えることができなかったからだ。こうして寝不足が続くなかでも、一応、語学学校には真面目に通った。

文法だけはある程度理解していたので、ペーパーテストの点数はよく、語学学校では、上から二番目の三級に編入した。とはいえ、相変わらず会話は駄目だったので、授業ではとても苦労した。語学学校のクラスの留学生は、三分の一程度が在日や在米の韓国人たちだった。韓国と中国との間の国交は、私が留学先に到着するわずか一週間前の八月二五日に正常化されたばかりであり、現在では圧倒的な数を誇る中国人留学生の姿は、この時期の韓国にはきわめて少なかった。

最大勢力は私を含む日本人と在日韓国人からなる日本語話者だった。ほかにはモンゴルやネパールのアジア諸国、さらには旧東ドイツ地域からのドイツ人留学生もいた。当時は冷戦が終焉し、世界がグローバル化へと向かい始めた頃である。当時の京都大学では留学生はいまほど多くなく、このソウル大学での小さな「外国人共同体」を私は思う存分満喫した。

この留学では、午前中に語学学校に通い、午後はソウル大学の付属図書館で宿題をし、資料を集めたりして過ごした。当時の制度では、語学学校の学生は図書館のカードを作ることができなかったが、融通の利く時代である。語学学校の関係者に無理を言って特別に作ってもらった。

一九九二年大統領選――間近で見た金大中

さて、初めての韓国生活の思い出は尽きないが先を急ごう。

一九九二年の韓国政治で最も重要だったのは、一二月に行われる大統領選挙だった。先述したように韓国が民主化されたのは一九八七年。この年に行われた大統領選挙の様子は日本でも大きく報じられ、私も関心を持っていた。とりわけ「一〇〇万人集会」とも呼ばれた大規模集会は、日本ではあり得ず、今回の大統領選挙で現場を見たいと思っていた。

大統領選の主要な候補者は五人、与党民主自由党の金泳三《キムヨンサム》、野党民主党の金大中、この年の二月に政界入りを表明して統一国民党を結成した現代財閥オーナーの鄭周永《チョンジュヨン》、金泳三と対立した与党の離脱者が作った新韓国党の李鍾贊《イジョンチャン》、そして少数野党新政治改革党から立候補した朴燦鐘《パクチャンジョン》だった。

彼らのなかで、私が初めてその姿を見たのは金大中だった。一一月二二日、ソウル大学構内で開かれた全国農科大学代表者協議会主催「農業・農学・農大発展のための公聴会」でだった。

当時は、限られた韓国語のリスニング能力しかなかったが、金大中の演説はよくわかった。何よりもうれしかったのは、その演説に直接触れることで、なぜ金大中が支持者に人気があるかがわかった気がしたことだ。初めて「韓国語を勉強してよかった」と思った瞬間だ。

金大中の演説はわかりやすいと同時に論理的だった。なるほどこれは聴きに行く価値がある。そう思った私は翌日から、語学学校の合間に各候補の演説を聴いて回ることにした。当時、韓国の新聞には主要候補の遊説日程が記載されていたので、それをもとに見て回ったのである。

演説会場での力量、冷徹な現実

主要候補者の集会を何度か順番に回ったが、いくつか印象的なことがあった。

一つは、演説場における候補者の力量の違いである。当然と言えば当然だが、金大中と金泳三の演説は明らかに抜きん出ていた。自らの政治的主張を論理的に展開する金大中に対して、金泳三の演説ではところどころで笑いも湧き、人懐っこい彼の性格がにじみ出ていた。

対して、酷かったのは政治経験の少ない鄭周永だった。声も小さく、抑揚もない彼の演説は、何万人という大勢の人を前にして弱々しく響いた。ソウル市内、国会議事堂にも近い、一〇〇万人集会の定番スポットとして知られた元飛行場の汝矣島《ヨイド》広場で行われた彼の集会には、その豊富な資金力を活かして大勢の人々が動員されていたが、聴衆は明らかに退屈しており、金大中や金泳三の集会に見られた熱狂がそこにはなかった。

大統領選で支持者に語りかける金泳三，1992年11月23日．筆者撮影

もう一つ印象に残ったのは、資金力や組織力の違いがもたらす過酷な現実である。一九九二年の大統領選では、演説の日程がかち合うことがあり、二人の候補者の演説が立て続けに行われることもあった。私が目にしたのは、金泳三と李鍾賛が同じ日の同じ場所で

演説を行ったときだった。当時の大統領選の集会では、候補者の演説の前に、民族的な踊りが繰り広げられたり、候補者を支持する芸能人のパフォーマンスを行うことがあった。とりわけ地方では、大統領候補者の遊説はエンターテインメントとしての性格もあり、それが集客のうえで重要な機能を果たしていた。

各候補者の資金力と組織力の違いは、一大学院生の目にも明らかだった。与党候補者である金泳三が「農楽」と呼ばれる伝統芸能がひとしきり行われた後、華々しく登場する。聴衆は民主化運動のスーパースターを前に、大きな興奮に包まれた。演説を終えた金泳三は最前列に座った聴衆の前まで降り、支持者たちと握手を交わし、ついでにやはり最前列で演説を聴いていた私も握手をしてもらった。

大勢の聴衆が見送るなか大型バスで会場を後にした金泳三の後に現れたのは、「新韓国党」と書かれた看板を掲げ、シュプレヒコールを叫ぶ数人の男性たちの姿だった。懸命に声を上げる彼らを前にして、私はその組織力の違いに愕然とした。多くの人々が会場を去るなか、李鍾賛の演説に残ったのは少数で、集まりの悪い演説会場の様子に彼は明らかに落胆した表情を見せていた。李鍾賛の支持率はその後急速に低下、投票日前日の集会で、鄭周永の応援演説をする彼の姿を私は見ることになる。資金力・組織力不足と支持率低下に苦しんだ李鍾賛は選挙戦を中途で断念することを余儀なくされていた。

一九九二年の大統領選の遊説では、のちに繋がる韓国政治の姿も見ることができた。

ソウル市内の新村で行われた朴燦鐘の集会は、小政党のそれに相応しく小規模だったが、壇上から降りて支持者と同じ目線で、一人ひとりに語りかける彼の演説は、資金力と組織力にものを言わせて大規模集会を繰り広げる金泳三や鄭周永や、時に論理的であるがゆえに時に「上から教えを垂れる」ように見える金大中とは一線を画していた。

民主化以降も、権威主義的な雰囲気の残る韓国政治は、こういう人たちによって変わっていくのかもしれない。当時そう考えた私はやがて、その一つの結果を、二〇〇二年の盧武鉉に見ることになるが、それはまだ先の話である。

さて、大統領選挙の投票が行われたのは一二月一八日。この日は金曜日だが休日だった。日本の選挙から、投票日は日曜日と信じ込んでいた私には、「選挙のために休日になる」制度も新鮮に映った。

1−1　第14代大統領選結果，1992年

候補者	党　派	得票数	得票率
金泳三	民主自由党	997万7332	42.00%
金大中	民主党	804万1284	33.80%
鄭周永	統一国民党	388万0067	16.30%
朴燦鐘	新政治改革党	151万6047	6.40%
白基玩	無所属	23万8648	1.00%
金玉仙	無所属	8万6292	0.40%
李丙昊	正義党	3万5739	0.10%

出典：韓国中央選挙管理委員会「歴代選挙情報システム」

結果はよく知られているように、四二%の得票率を集めた金泳三が、三三%余りの金大中

に大差をつけて勝利した。選挙後の街には「国民の皆様、ありがとうございます。必ず新しい韓国を築き上げます」と書かれた金泳三の顔写真入りのポスターが貼られることになる。

挺身隊対策協議会による慰安婦問題糾弾集会，日本大使館前，1993年2月12日．筆者撮影

垣間見た集会

大統領選挙が終わって年が明けて一九九三年。帰国の近づいた私は、あわてて書籍を買い集め、図書館で資料を大量にコピーして京都に戻る。

ちなみに、この京都に戻る少し前に一つの集会を見に行っている。日本大使館で行われていた「挺身隊対策協議会」が主催する慰安婦問題を糾弾する集会だ。のちに私の研究生活にとって大きな比重を占める慰安婦問題の集会だったが、この時点の自分にとっては、メディアでよく報道される集会を実際に見てきた以上の意味はなかった。

元慰安婦と思しき人物を中心に一〇名足らずの人々が、一〇メートルにも満たない横断幕を掲げるだけの集会は、あまりにも小さく、私はそれが後に大きな影響力を持つようになるとは考えなかった。この時点での私の韓国に対する視線は、いまとは大きく異なる。当時の私の具体的な関心は、日韓関係や歴史認識問題にではなく、もっと抽象的な問題へ向けていたからだ。

私と歴史認識問題との関わりについては、本書の後半に任せることとしよう。とにかく私は、二月二六日に約六ヵ月間の韓国留学を終えて帰国の途に就いた。語学研修は、ソウル大学の語学学校の最上級クラスだった四級まで修了したので、とりあえずは成功だったろう。

いったん京都に戻った私は、一九九三年四月から初めての大学教員生活を始めることになる。赴任先は愛媛大学法文学部法学科、政治学担当の助手だった。研究室は法文学部本館六階にあり、窓からは松山城の天守閣が見える「一等地」だった。この研究室で私は一九九七年三月までの四年間、教育と研究に勤しむこととなる。

なお、大学の決まりで教員と学生を同時に兼ねることはできず、大学院は退学する。博士号は、それから七年後の二〇〇〇年、最初の著作を論文代わりに提出して取得した。

3　韓国通の役割——肌で感じた学生運動の退潮

自分の大学教員としてのキャリアを振り返ってみたとき、この松山で過ごした四年間は、最も自由で充実した時期だったかもしれない。

大学教員の就職市場が良好だった当時でも、博士課程一年を終えた段階で就職先があるのは稀《まれ》なことだった。国立大学助手の給料でも、物価の安い松山では十分に豊かな暮らしができた。赴任二年目の一九九四年には専任講師に昇任し、授業を持つようになったものの、現在とは異なり教育の負担は多くはなかった。

何よりも、四年生ゼミの学生たちの年齢は、教員の私と五歳ほどしか違わなかった。わかりやすく言えば、私はこの四年間を夏目漱石の『坊つちやん』の主人公と同様に、頻繁に道後温泉に通いつつ、優秀な学生たちと戯《たわむ》れながら過ごした。

もちろん、私の研究対象が韓国であることは変わりない。だから私は松山で学務とは別に、韓国と関連した仕事も行うことになった。冷戦が終わり、中国との国交を回復した韓国が、本格的な「世界化」に突入しようとしていたこの時期、日本との交流もこれまでとは異なるレベルで拡大を始めていた。

日韓の交流拡大は、松山のような地方都市ではソウルとの航空路開設として現れた。韓国では一九八八年、それまで唯一の航空会社だった大韓航空に加えて、新たにアシアナ航空が設立され、競争は一挙に加熱した。両社の激しい競争は、韓国国内の航空需要から目を広げて、海外、とりわけ韓国よりはるかに豊かな生活水準を誇る日本の顧客獲得へと向かう。そのターゲットは、すでに航空路線が開設されている東京や大阪ではなく、日本の地方都市の人々だった。

日本の地方都市にとっても、韓国との航空路開設は、新たな観光客獲得のチャンスとして映っていた。大きな格差があったとはいえ、韓国の生活水準は確実に上がっており、海外旅行客も急速に増えていたからである。また、「国際化」が叫ばれたこの時代、地方都市は韓国からの航空便を自らの街にある空港に呼び込み、「国際線」を開設することに象徴的な意味を見出していた。

当時、四国では一九九二年にソウル金浦空港と高松空港の間にアシアナ航空による航空路が開設され、香川県は一定数の韓国人観光客の集客に成功しつつあった。目玉は瀬戸大橋とうどんである。日本統治時代に日本から伝えられたうどんは、韓国でも「うどん」の言葉で呼ばれるポピュラーな料理だった。だからこそ、うどんの本場である香川県に一定数の韓国人観光客が訪れたわけである。

このような状況は、四国最大の人口を持ち、一方的に香川県をライバルと位置付ける愛媛県には歯痒《はがゆ》いものだった。愛媛県の西側の対岸である大分県にも、別府や湯布院を中心に多くの韓国人観光客が訪れていた。愛媛県庁は出遅れを取り戻したい気持ちから、韓国との航空路線の開設に動き出す。結果、一九九四年四月に日韓両国政府の航空協議を経て、翌九五年からのソウル・松山便の開設が決まった。

松山での役割と金日成の死

前置きが長くなってしまったが、そのような時期に、私は愛媛県で大学教員として勤務していた。現在からすれば嘘のような話であるが、愛媛大学と松山大学という国立と私立の大規模大学のある松山で、韓国語を駆使できる教員は私を含めてきわめて少数だった。結果としてこの時期、私は松山で韓国に二つの関わる仕事に携わる。

一つは、松山大学で一九九四年から始まった韓国語講座の立ち上げである。松山大学は、翌年に迫るソウルとの航空路開設で韓国への関心が高まるなか、新たに韓国語の講座を立ち上げようとしていた。その依頼が私に来たのである。当時の私は独学のうえにソウル大学の語学学校でわずか六ヵ月の語学研修を受けたに過ぎない。韓国語の講座を担当するのは荷が重かった。

とはいえ、名前だけでも貸して欲しいとのことで、交渉の末、初級クラスを一学期だけ担当することで許してもらった。この韓国語講座は愛媛県内では珍しく、テレビの取材もやってきた。とはいえ、お世辞にもよい授業とは言えず、当時の受講生にはいまでも申し訳ない気持ちが残っている。

もう一つは、愛媛県庁が進めた県内各所に韓国語の案内表示を設置などする作業である。どのように韓国語表記するかも決まっておらず、私もその末端を担うこととなった。

具体的には県庁が作った観光地パンフレットなどの韓国語原案をチェックし、必要なら修正する。結果、私が携わった韓国語の案内表示はいまでも愛媛県各地に残っている。これらの案内表示の韓国語がおかしければ、責任は私にあり、これまた愛媛県の人々に申し訳ないところである。

この一九九四年には朝鮮半島では大きな事件が起きていた。七月八日、北朝鮮の最高指導者金日成《キムイルソン》が死去したのである。この情報が世界に伝えられたのは翌九日である。

この日は土曜日で休日。私は愛車だったヤマハのSRX四〇〇を飛ばして徳島県まで足を伸ばし、四国第二位の高さを誇る剣山に登っていた。携帯電話が普及していない時代である。私の手許にあるはずもなく、だから、朝鮮半島で重大な事態が起こっていることなどまったく知らなかった。

夜、松山のアパートに帰宅すると、留守番電話にはさまざまなメディアから膨大な数のメッセージが残されていた。私はこの時点で二八歳の専任講師。単著もなく、論文は朝鮮近代史についてのものがいくつかある程度であり、北朝鮮と関わりは何もない。いかに当時のメディアが、この事態を解説できる人に困っていたかがわかる。
その後、『愛媛新聞』に「金日成死去とメディア報道」（七月一六日）という一文が掲載された。私の初めての新聞コラムである。金日成の死により、私はひっそりとメディアへのデビューを果たすことになったわけだ。

ハングル表示とパソコン通信

こうして愛媛県内のローカルな社会で、活動の場を見出しつつあった私は、もう一つ新たな空間を見出していった。「仮想空間」での活動である。それはまだインターネットの世界ではなく、「パソコン通信」と呼ばれた、クローズド・ネットワークのなかだった。

私のパソコン通信との出会いは、大学院生だった一九九二年春、電話回線を通じてネットワークに接続するモデム機能を持つ三洋電機のワープロ専用機を購入したときに遡《さかのぼ》る。

このワープロ専用機は、開けっ放しの窓際に置いていたため、夕立で濡れて機能不全となった。一念発起してパソコンを購入して以降、パソコン通信の世界にさらにのめり込んだ。

購入したのは、中古の東芝のノートパソコン DynaBook J-3100SS001。購入価格は五万円だったはずである。いまだウィンドウズ普及前のＭＳ‐ＤＯＳベースの機械だったが、高校生のときから父親のパソコンや電卓サイズの「ポケットコンピューター」で、プログラムを組んで遊んでいた経験もあり、慣れるまでにほとんど時間はかからなかった。

日本では当時NECのPC-9800シリーズが全盛だったが、あえてIBMの仕様であるPC-XT機にしたのは、韓国製のソフトウェアとの互換性のためだった。日本の市場に特化したNECのパソコンは、日本語の使い勝手はよいものの、韓国語のファイルを開けなかった。韓国語のワープロソフトは、いまも韓国で大きなシェアを誇る、「アレアハングル」を使った。自分のパソコン上にハングルが表示されたときには新鮮な驚きがあった。先述した韓国留学にもこの中古パソコンを持参している。

とはいえ、これだけでは論文執筆の際に、註記などでハングルは使えない。修士論文で使ったワープロ専用機や、日本語のワープロソフトには、ハングルを打ち込む機能はなく、日韓両国語を混在させるほとんど唯一の方法は、先のアレアハングルを用いることだった。さりとて、日本語の文章を韓国語専用に作られたアプリで書くのは膨大な手間がかかり、結局、この時点での私は、論文のハングル部分のみ手書きにするしかなかった。

そのような私を助けてくれたのがパソコン通信、より具体的には富士通が運用していたニフティサーブで知り合ったオンライン仲間だった。彼らは私と同じように、さまざまな事情から日韓両国語を混在して表記する必要に迫られており、そこにはボランティアで手を差し伸べてくれるプログラマーがいた。彼らはハングルを「外字」として用意し、これを打ち込むための専用の入力システムを用意してくれたのである。

結果、愛媛大学赴任以降の自分の論文には、原稿段階からハングル表記が入るようになった。もちろん学術雑誌の印刷業者には同じ外字はなく、校正の際にはハングルを手書きして伝える必要は残った。それでも研究者にとってありがたい一歩だった。

仮想空間のなかの識者たち

そんなパソコン通信で学んだのは、世の中は広いということだ。当時の自分は若年で大学教員に採用されたこともあり、一種の使命感のようなものを持っており、そして本音を言えば何よりも暇つぶしのために、韓国に関わるさまざまな話を、あちこちの「会議室」や「フォーラム」（当時のパソコン通信では掲示板をそう呼んだ）に書き込んでいた。

驚いたのは、私の書き込みに何かしらの誤りがあると、必ず誰かが指摘してくれることだった。私より年輩の研究者もいれば、在野の歴史研究者もおり、さらには大学院で韓国に関わる研究を志したものの、職を得る機会に恵まれず、異なる職業で身を立てた人たちもいた。大学の専任講師になったものの、大学院入学から数えても五年程度の私は、彼らの知識量にはまったく太刀《た ち》打ちできなかった。この経験は、専門的な知識を持つか否かは、肩書では判断できないという、ごく当たり前のことを教えてくれた。

パソコン通信でのやり取りからもう一つ学んだのは、韓国への関心が実に多様だということだ。「冬のソナタ」のヒットによる韓流ブームが起こる一〇年近く前、すでにパソコン通信の世界には、さまざまな角度から韓国に関心を持つ人たちがいた。日本で韓国ドラマの放映や韓国映画の上映がほとんどなかった時代である。どのように知ったのか韓国のタレントやアイドルに関心を持ち、彼らに会いに行くためにソウルまで足を運ぶ人たちがいた。

私が愛媛大学に赴任した一九九三年は、サッカーではJリーグが開幕し、アジア最終予選の最終試合で日本代表がロスタイムに失点した「ドーハの悲劇」により、ワールドカップ初出場を逃した年である。そのような年に、韓国のサッカーに強い関心を持ち、観戦のために韓国に渡る人たちもいた。

私にとって韓国はあくまで研究の対象に過ぎなかった。だから純粋に韓国に関わるものが好きで、熱狂する人々は、私には少し不思議な存在だった。パソコン通信やそのオフラインミーティングの場の意見交換で、「国民俳優」という呼び名で知られた映画俳優の安聖基《アンソンギ》に会って一緒に喫茶店でお茶を飲んだとか、サッカーを観戦しサインをもらいに行ったら洪《ホン》明甫《ミョンボ》が自宅に連れて行ってくれた、といった話が飛び交い、彼らの行動力に圧倒されたものだった。

旧朝鮮総督府庁舎の撤去——歴史認識対立の原点

さて、話を韓国そのものに戻そう。

こうして私が松山で過ごしていた頃、韓国では金泳三が大統領の座に就いていた。金大中と並ぶ民主化運動の英雄だった金泳三の国民的人気は政権発足当初、きわめて高かった。一九九三年の就任直後に記録した七一％という大統領支持率は、韓国の主要調査会社であるギャラップの調査で、二〇一七年に文在寅《ムンジェイン》が抜くまでトップの記録だった。

そのような金泳三が取り組んだ一つが「歴史の見直し」である。韓国における初の本格的な文民政権と自らを位置付けた金泳三は、李承晩《イスンマン》、朴正熙、全斗煥と続いた権威主義体制下の歴史観を修正し、民主主義の時代に合致した新たな認識を構築しようとした。今日に至るまで韓国における激しい歴史認識の変化と、それをめぐる国内外の対立の原点の一つは、この金泳三政権の歴史の見直しにあると言ってよい。

その一つの象徴的行為が、旧朝鮮総督府庁舎の撤去だった。金泳三はこの撤去の手始めとして、一九九五年八月一五日、旧朝鮮総督府庁舎の上に立つ尖塔《せんとう》を切断する儀式を行った。日本で太平洋戦争終戦五〇周年を迎えて、村山富市首相によるいわゆる村山談話へと至る攻防が行われていたとき、韓国でも自らの歴史とその認識をめぐる大きな動きが生まれていたのである。

私は一九九五年八月、撤去直前の旧朝鮮総督府を見るべくソウルを訪問した。旧朝鮮総督府庁舎は、日本からの解放後は、朝鮮半島の南半を占領した米軍政府の庁舎として、また最初の韓国国会議事堂として使われた後、政府庁舎である中央庁となり、私が最初にソウルを訪問したときには国立中央博物館となっていた。植民地期のみならず、解放以後の韓国現代史についても生き証人ともいえる建物だった。だからこそ私は解体される前にもう一度その実物も見て、韓国の歴史について考えたいと思っていた。

とはいえ、一九九五年八月の韓国訪問で最も印象的だったのは、旧朝鮮総督府庁舎よりもこの年の六月に崩落した三豊百貨店の廃墟だった。ソウルでも有数の高級百貨店が営業中に突如崩壊し、五〇〇人を超える死者を出したこの事件は、いまだ韓国が発展途上にあった証《あかし》と言えた。前年にはソウル市内を東西に貫流する漢江に架かる聖水大橋が崩落し、三〇人以上が死亡する事故が、そしてこの一九九五年の四月には大邱《テグ》の地下鉄工事現場で大規模なガス爆発により一〇〇名以上が死亡する事故も起きていた。

留学時代に訪れたこともあったデパートが瓦礫《がれき》と化した現場を眺めながら、経済成長の過程ではこういう事故が必然的に伴うものなのかと考えたことを覚えている。

一九九五年八月の滞在はわずか一週間程度だったが、私の頭のなかでは、再び韓国でじっくりと時を過ごし、研究に専念したいという思いが生まれた。

再び半年間の韓国留学

当時の愛媛大学はスタッフの留学に寛容だった。そこで上司に相談したところ「授業をやりくりして大きな穴を開けないなら、半年くらいは行ってきてよい」という答えをもらった。当時はまだ独身で仕事を除けばスケジュールを妨げるものは何もない。即座に二回目の韓国留学を決めた。

最初の留学では奨学金を取得できず苦労したが、今回は韓国国際交流財団への奨学金申請が通り、私は同財団の「研究フェロー」として韓国に渡った。滞在先はソウル大学の東洋史学科に決めた。当時のソウル大学は日本人が国史学科に滞在するのは難しいという噂があり、隣の東洋史学科にフェローとして席を置かせてもらうことにしたのである。窓口は最初の韓国での資料収集の際にお世話になった金容徳先生だった。こうしてこの時期、ソウルで研究者としての人脈が少しずつ広がっていった。

韓国留学を一九九六年八月からに決めた私は、授業に「大きな穴を開けない」なら行ってきてよいという上司の話を、定められた数の授業をこなせばいいと都合よく解釈し、前期の時間割に詰め込めるだけ授業を詰め込んでこなした後、ソウルへと向かった。

宿舎はパソコン通信で知り合った友人が紹介してくれたソウル大学の李文雄《イムヌン》先生に紹介し

てもらった。場所はソウル市内、大学路の近くにある「国際会館」であり、韓国国費留学生なども多く住む留学生用の宿舎だった。前回、一九九二年の留学時に知り合った日本人の韓国国費留学生の一部は、この時点でもこの宿舎に住んでおり、私は彼らと久々の再会を喜んだ。

とはいえ、到着当初の私には宿舎に不満があった。相部屋だったからだ。先述したように当時の韓国では寮や下宿は相部屋が当たり前だった。正確には覚えていないが、韓国政府が管理する宿舎だったため、家賃はきわめて安く一万円を少し超える程度だったろうか。もっともこのときは賄い付きの下宿ではなかったので、食事や洗濯のサービスは付いていない。六畳を少し超える広さの部屋に、中国からの留学生と二人で一部屋だった。待遇が悪いわけでは決してなかった。だが他人と相部屋で生活をしたことがなかった私には、この生活はつらかった。他人の好意にすがって紹介してもらったにもかかわらず、不満を言うというのはかなりムシのよい話だが、私は李文雄先生に泣きつき、九月から一人部屋に変更してもらった。

こうして翌一九九七年一月末まで、半年間ほどの二回目の韓国留学生活が始まった。今回は語学留学ではなかったから、研究に使える時間はたっぷりある。主な仕事はソウル大学を始めとする図書館に行ってひたすら本を読み、資料をコピーすること。とはいえ、それだけではつまらないので、このときの韓国留学では、できるだけ多くの土地や人を訪れることにした。韓国語もある程度は話せるようになり、留学は前回よりはずいぶん楽だった。

学生運動への批判、経済危機の跫音

この二回目の韓国留学について印象に残ったことを記しておこう。

まずソウル到着直後の八月、韓国で「延大事態」と呼ばれるキャンパス籠城事件に遭遇した。

この延大事態は、北朝鮮の思想に影響を受けた主体思想派（主思派）が主導する韓国大学総学生会連盟（韓総連）などの学生団体が、八月一五日に「第七次八・一五汎民族大会兼汎青学連統一大祝典」を開催しようとしたところ、これを許可しない政府側が会場に予定されていた延世大学のキャンパスを封鎖し、構内にいた学生たちが籠城し対峙したものである。

一九八七年の民主化運動後に韓国を研究するようになった私にとって、延大事態は初めて目撃した韓国の大規模な学生運動だった。八月一八日、新村駅で地下鉄を降り、延世大学に向かう私を迎えたのは、前日から警察が大学に向けて撃ち続けた催涙ガスの臭いと、遠く大学を取り巻く多くの野次馬の姿だった。

しかし、より鮮明に記憶に残っているのは、その数日後の光景だ。籠城した学生たちは、警察の圧力に負けて敗走し、彼らの一部はボロボロの姿で地下鉄に乗り込んで来た。車両にたまたま乗り合わせた私が見たのは乗客の冷たい反応だった。「学生なら政治運動などせず、勉強しろ」という罵声《ばせい》すら学生らは浴びせられていた。一九八〇年代に市民の大きな支持を背景に民主化運動を展開した学生組織は、すでに人々の支持を失っていた。事実、この事件は韓国の学生運動の衰退を象徴するものとなり、ここから学生運動や市民運動は大きな方向転換をしていくことになった。

学生運動の衰退の原因の一つは韓国の経済発展だった。一九八七年の民主化からすでに一〇年近い月日が経とうとしていた当時、この国は混乱に満ちた発展途上国から、安定した先進国へ移行しようとする時期にあった。この一九九六年は、韓国がOECDへ加入を果たした年でもあり、一人当たりGDPは念願の一万ドルを突破した。金泳三政権はその成果を誇り、私の目には韓国の人々の生活は、数年前と比べても大きく向上しているように見えた。

とはいえ、新たな危機がすでに近くまで迫っていた。この年の秋、知人の紹介で韓火経済研究院を訪ねたことがあった。この時点での韓国の有力財閥の一つだった韓火、つまり韓国火薬グループが設立した経済研究機関である。驚かされたのは、研究所員たちが韓国経済の展望についてきわめて悲観的に語り、近いうちに国家破綻ともいえる危機的な状況に陥るかもしれない、と話していたことだ。一九七〇年代や八〇年代初頭ならいざ知らず、これだけ豊かになった国が経済破綻するのだろうかと思ったが、私の目が節穴だったことを知るのは翌一九九七年夏のことである。

目の前に金大中がいたはずが……

もう一つこの韓国留学で印象に残ったことは、やはり知人の紹介で、第八期亜太平和アカデミーという名の連続セミナーに約三ヵ月間参加したことである。

このセミナーを主催する亜太平和財団は、一九九二年の大統領選挙で金泳三に敗れた金大中が、選挙で敗北すれば政界から引退するという公約を守るべく、自らの政界引退後の活動基盤として設立したもので、彼自らがその理事長に就任していた。しかし、多くの人々は金大中はやがて政界に復帰すると信じており、この財団はその準備組織だと考えていた。

財団の中核事業の一つである「アカデミー」は金大中が自らの統一政策を中心とする考えを人々に伝え、政界復帰後の人脈を再構築するためのものと見なされていた。事実、金大中はこのアカデミーに力を注ぎ、自ら一コマ分のセミナーを担当し、政治への思いを語ることとなっていた。

翌一九九七年に大統領選挙を控えたこの年、私はこのアカデミーに外国人としてただ一人、途中から参加する機会を得た。記憶が正しければ、財団に着いて最初に挨拶したのは、のちに金大中と金正日《キムジョンイル》による初の南北首脳会談で統一部長官として両者を橋渡しをする林東源《イムドンウォン》だった。当時の彼はこの財団の事務総長だった。とはいえこの時点で、彼がどの程度重要な人物なのか、不勉強な私はまったく理解していなかった。

金大中という有力政治家が設立した財団の講師陣は豪華であり、この場では当時の韓国で最も著名な歴史学者の一人である姜萬吉《カンマンギル》先生の話を聞く機会を得て、研究についてのアドバイスを受けることもできた。韓国のナショナリズムの歴史を研究するうえで、朝鮮近代史の論文を執筆している身としてはとても助けになった。

もちろん、最も印象的だったのはセミナーの最後に設定された金大中自身の講義だった。持論である「三段階統一論」（体制を維持したまま国家連合を形成し、次に統一憲法によって連邦大統領・連邦議員を選出、最後に統一する）について熱く語る彼の講義に、アカデミーの出席者は次々と賛意を唱え、その場はあたかも来年の選挙に備えた決起集会のような熱気さえ帯びていた。

セミナーの最後に参加者は論文の提出を求められた。私は「韓国政治社会システムから見た統一問題」という小論を韓国語で提出した。ネイティブチェックを受けた記憶はなく、無謀だが貧弱な語学力で文章を書き提出したことになる。しかし、驚くべきことにこの小論は、アカデミーの佳作論文に選ばれ、私は修了式で金大中理事長からこの賞を頂くことになった。

修了式は一九九六年一二月五日の予定だった。翌年の同月に大統領に就任する金大中の目に私の存在をしっかりと刻み付けさせる、政治学者として絶好の機会が目前に来ていた。

だが、私は肝心のこの修了式に出席できなかった。なぜなら、同じ日に松山では、愛媛大学から神戸大学への私の「割愛人事」、つまり人事異動を議論する教授会が開かれており、私には一時帰国して、この決定をおとなしく研究室で待つことが求められたからである。

私は金大中から賞状や盾をもらうより、無難に神戸大学に異動する方を選択したのである。こうして私の新しい活動の場は神戸に移ることとなる。

第2章　神戸大学着任、ハーバード大学留学

1　「もっと有名な所へ行け」——遠くからの日韓

将来が輝かしく見えた

二回目の韓国留学から、最終的に帰国したのは韓国国際交流財団フェローとしての任期を終えた一九九七年一月末だった。残り少ない愛媛大学の任期で私は、二月末から三月初旬にかけてゼミの学生と有志、約二〇人を集めて、韓国を旅した。私が初めて韓国を旅行した一九八九年のときと同じように、下関から釜山へとフェリーで渡り、安東、ソウル、そして板門店を訪問した。愛媛大学を去ることになり、迷惑をかける学生たちへのせめてもの罪滅ぼしのつもりだったが、喜んでもらえたかどうかはあまり自信がない。

ともあれ、京都から松山に移ったときと同様に、私はあわただしく松山から神戸へと引っ

越した。現在まで続く四半世紀近い神戸での生活の始まりである。

いまから思えば当時の自分は自信と希望に満ちていた。愛媛大学への赴任は、業績が認められたというよりは、韓国についての政治学者の稀少性と将来性が買われたものだった。だが神戸大学への異動は、この間の自分の業績が評価された結果だと信じたからである。

大阪の片隅で生まれ、奈良や京都で過ごした私には、神戸大学は紛れもなく関西の名門大学だったし、法学研究科の政治学スタッフは日本政治外交史の五百旗頭《いおきべ》眞《まこと》先生や東欧研究の木戸蓊《しげる》先生、国際関係論の初瀬龍平《りゅうへい》先生などスター揃いだった。彼らと同じ環境に身を置けるのは夢のようであり、三一歳だった私の将来はとても輝かしいものに思えた。

しかし、私が赴任した神戸大学大学院国際協力研究科がどういう組織なのかはよくわかっていなかった。

一九九二年に設立された国際協力研究科は、名古屋大学の国際開発研究科や広島大学の国際協力研究科などと並ぶ「開発系」の大学院であり、ODA（政府開発援助）政策など開発業務や国際関係・交流に従事する人材育成を使命としていた。一九八〇年代から九〇年代、日本の国際化が作り出したものである。当時、韓国のナショナリズムの歴史に関わる研究をしていた私が、どのように貢献すればよいのか皆目見当がつかなかった。

だから、神戸大学への異動は長い葛藤の始まりでもあった。ただし、国際協力研究科は当時もいまも珍しい、独立大学院と呼ばれる組織であり、教育面での負担は重くなかった。助教授だった私に課せられた授業は、週二コマの修士課程一年生向けのゼミだけであり、助教授のため直接の指導学生は取ることがなかった。講義を持たない助手に戻ったも同然だった。

時間ができたので、これまでの論文をまとめて出版しようと考えた。博士後期課程を一年で中退していた私は、この段階では博士号を持っておらず、研究科からも、早く業績をまとめて出版し、その成果を母校の京都大学に博士論文として提出することを求められていた。

大学院時代の指導教員だった木村雅昭先生に紹介してもらい、原稿を持ち込んだのは京都市内のミネルヴァ書房だった。しかし、原稿は早々に突き返された。「こんな出来の悪い作文みたいなものは出版できない」と言われたのである。たしかに、当時の原稿の質を考えれば当然の反応でしかなかったのだが、ショックでなかったかといえば嘘になる。

こうして希望に満ちた神戸生活は、たちまち壁にぶち当たった。職場での人間関係もうまくいかず、この問題はその後も深い苦悩の原因となった。私生活でもさまざまなことがあり、九月には結婚が決まった。結婚式は翌年二月である。家族ができると、これまでとは異なる作業が必要になるから仕事との関わり方も変わり、韓国についての見方も変わってくる。だからこの時期の神戸大学への異動と私生活上の変化は、大きな転機になった。

「韓国はダメだ。アメリカへ行け」

結婚を決めた直後にもう一つ人生の転機がやってくる。当時の研究科長が、辞退者が出て空きがあるからいまのうちに文科省の資金による留学に行っておけ、と言うのである。結婚を決めたばかりでどうかと思ったが、妻は仕事を辞めて一緒に行くと言ってくれた。だが、順調だったのはそこまでだった。

留学なら、当然韓国に行こうと準備を始めると上司たちに、「韓国はダメだ。アメリカに行け」と言われたからだ。大いに面喰らった。なぜ韓国研究者がアメリカに行くべきなのか。しかし、赴任したばかりの私が上司たちの意見に逆らえるわけもない。いまから考えると、上司たちの意見がきわめて正しかったのだがともかく考え直した。

だとすると次は、アメリカのどこへ行くのかが問題である。当時の私にとっては、アメリカを代表する韓国研究者と言えば、何と言っても、*Politics and Policy in Traditional Korea*, 1975. の著者ジェームス・パレイだった。だから彼が所属するシアトルのワシントン大学に行くことをまず考えた。幸いパレイ先生との連絡はメールですぐ取れた。一九九二年にソウルの留学先を見つけるのに四苦八苦した状況は、インターネットの普及により変わっていた。遠くアメリカ西海岸の大学に在籍する面識のない著名な研究者に、簡単に連絡が取れるようになるまでわずか五年である。思えば劇的かつ急速な変化だった。

パレイ先生に留学の受け入れをお願いすると、すぐに承諾の返信がきた。ありがたい、これで何とかなると考えたが、本当に大変だったのはここからだった。ワシントン大学に決めたことを、上司の一人だった五百籏頭眞先生（法学研究科と国際協力研究科教授を兼任）に報告すると、今度は「ダメだ。もっと有名な所へ行け」と言うのである。

私はワシントン大学でも十分すぎるくらい有名だと思ったのだが、五百籏頭先生が勧めたのはハーバード大学だった。とはいえ、当時の私にこの世界的な名門大学に繋がりなどあるはずはなく、韓国研究者の名前すらすぐに浮かばなかった。ハーバード大学のあちこちの研究組織に送った受け入れ要請の依頼は、見事なまでに即座にすべて突き返された。

途方に暮れ諦めようと思って、その旨を相談すべく再び五百籏頭先生を訪れると、「だったら、自分が解決してやる」と言う。先生はその場で、あの『ジャパン・アズ・ナンバーワン』のエズラ・ヴォーゲル先生にファクシミリを送った。すぐにファクシミリで返信が来て、私のハーバード大学への受け入れがあっさり決まった。当時送った推薦状の日付によれば、一九九八年三月一〇日のことである。だったら、最初からそうしてくれと思ったものの、いまから思えば、あれもまた何かの一つの指導だったのかもしれない。

巨大なハーバード大学へ

一九九八年八月二五日、私と妻はボストンに到着した。一九八七年二月に、初めての海外旅行先として訪問して以来一一年ぶりのアメリカである。バックパッカー時代には、それなりに英語で会話ができたつもりだったが、いざ生活してみると見事なまでに通じなかった。

とりあえず住居を決めねばならず、迷わず日本資本のエイブルで家を探した。下見をして決めて契約書にサインしようとすると、大家の名前に見覚えがある。Nobuo Shimotomai。

われわれ新婚夫婦は、ロシア政治研究者で名高い下斗米伸夫先生が、ボストン近郊アーリントンに持っていたアパートに住むことになった。

ハーバード大学で私が所属したのは、フェアバンク東アジア研究センター（現フェアバンク中国研究センター）。身分は客員研究員だった。センター長は言うまでもなくエズラ・ヴォーゲル先生である。

さて、問題はアメリカで何をするかだ。幸いハーバード大学には、アメリカ最大の東アジア研究資料センターであるイェンチン図書館があり、ソウル大学ほどではないものの、韓国研究の資料には事欠かなかった。この図書館には、韓国国内では散逸した朝鮮戦争前後の資料も多く収められており、アメリカの有力大学の資料収集能力に舌を巻いた。所属したフェアバンクセンターと同じ建物には、コリア・インスティテュートがあり、所長は *Offspring of empire*. 1991. の著作で知られるカーター・エッカルト先生だった。

ハーバードは巨大な大学であり、多くの有名教授が所属していた。だからこそ、当初はさまざまな講義に顔を出し、そこで研鑽を積もうと考えていた。しかし、実際にはなかなか計画通りにうまくいかなかった。流暢に英語を駆使できない部外者の私が、学生のための少人数の授業に顔を出すのも憚られ、過ごし方を変えることにした。

世界的な名門大学であるハーバード大学では、キャンパスのどこかで毎日のようにシンポジウムやゲストスピーカーによる講演が行われる。だから図書館での研究の合間に、できるだけこれらの場に顔を出せばよいと考えた。メンバーはつねに豪華だった。たとえば、あの『ベスト・アンド・ブライティスト』の一人、ジョン・F・ケネディ政権の国防長官ロバート・マクナマラからベトナム戦争の話を聞けるなど、それは時に夢のような時間になった。

ボストン到着からまもない時期には、ヴォーゲル先生の紹介で、報告者に欠員が出たからと言われ、ワシントンで「朝鮮統一とナショナリズム」というタイトルでの報告をする機会も得た。酷い報告だったが、これが初の英語による私の学術報告となった。

こうして次第に私がどうしてハーバード大学に送られたかがわかって来た。世界には、多くの研究分野の拠点となる大学があり、そこでは黙っていても多くのシンポジウムや研究会が行われ、さまざまな人々が行き来する。そういう拠点となる大学に居ることだけで、とてつもないアドバンテージになる。それは愛媛大学の学生には容易にできない経験が、東京大学の学生には簡単にできるのと同じであり、われわれはそういう恵まれた拠点大学にいる人たちと競い合い、生きて行かなければならない、という示唆なのだと考えた。

地球の裏側から見た日韓

圧倒されるばかりの日々を送っている間に、私が身に沁《し》みてわかったことがある。それはここでは、韓国や日本に関わることなど、大きな関心を払われていないことだ。

たとえば私の滞在中に、自民党幹事長だった加藤紘一の講演会があった。当時の加藤は有力な次期首相候補であり、英語も堪能な彼との会合の場は、アメリカの研究者や学生にとって、貴重な機会のように思われた。しかし、肝心の会場の入りは、必ずしも芳しいものではなかった。入学式の記念講演に国連事務総長が登壇し、ワシントンやニューヨークに向かう各国首脳がその途中で記念講演をしていくこの大学では、日本の次期首相有力候補者への関心など、さほど大きなものではないと痛感させられた。

同じ現実は韓国についてより厳しかった。衝撃を受けたのは、この大学のロースクールで行われた韓国憲法裁判所判事の講演だった。言うまでもなく、韓国では憲法裁判所は大法院と並ぶ司法の最高機関であり、だからその判事から直接話が聞けるのは貴重な機会のはずである。しかし、講演会の会場に着いた私が見たのは、小さな部屋とそこに座る数人の参加者の姿だった。

考えてみれば当然だった。アメリカでの韓国への関心は決して大きくはなく、この大学でも朝鮮半島について何かしらを研究している人も多くない。ましてや韓国の法制度に関心がある人など限られ、そのような話に多くの人が集まるわけはなかった。

日本では隣国の韓国にある程度の関心がある。だから、私もこの関心の存在を当然の前提として研究を続けて来た。しかし、地球の裏側ではそうでないのだ。極東の出来事は、彼らにとって遠い場所のことに過ぎず、さして予備知識も持っていない。だからこそ、われわれが日本や韓国の話をするときには、まず彼らがどのような認識を持っているかを把握し、何をどうやって伝えれば、自らの問題意識を伝えられるかを考える必要がある。つまり、単純に「日本語を英語に翻訳する」だけではダメなのだ。

このあまりに当たり前の事実の発見は、それまで日本、韓国に限定されていた私の研究の視点を大きく変えさせてくれた。

アジア通貨危機の影響

私が神戸に移り、さらにボストンで留学生活を送っていた一九九七年から九八年、世界では韓国を巻き込む大きな出来事が起こっていた。アジア通貨危機である。

一九九七年七月、タイの通貨バーツ暴落から本格化したこの危機は韓国をも襲った。韓国の通貨ウォンは暴落、一一月にはＩＭＦ（国際通貨基金）に救済金融を申請したものの、その可否が不透明ななか、年末にはデフォルト、つまり債務不履行寸前にまで追い込まれた。前年の一九九六年に私がソウルで韓国の経済専門家から聞かされた不安は現実となったのだ。このアジア通貨危機の余波は日本にも及び、山一證券や日本長期信用銀行などの金融機関が破綻する。

アジア通貨危機が起きた時点で、韓国の経済規模はすでにロシアやオーストラリアを上回る世界第一一位、アジア通貨危機で破綻寸前に置かれた国家のなかでは経済規模は圧倒的に大きく、だからその危機は世界的なニュースとなった。

ハーバード大学でも、私が留学中に韓国の政府関係者を招待したシンポジウムが開かれ、相応の聴衆を集めていた。韓国そのものには関心が小さくとも危機に対する関心は大きかった。韓国の安定性の回復がアジア、さらには世界経済で重要なことは明らかだったからだ。

韓国自身も金融危機から脱却するために、自ら実行する改革について国際社会に説明し、信頼を回復することが不可欠だった。だからシンポジウムでも、韓国の政府関係者は、自らがＩＭＦの監督下で着実に改革を実行していること、それが実を結びつつあることを懸命に訴えていた。

この問題はハーバード大学の関係者にとっても重要だった。ハーバード大学の朝鮮半島研究の拠点であるコリア・インスティテュートは、世界の多くの朝鮮半島研究機関同様、韓国政府や韓国企業からの寄付金を大きな財源の一つとしていたからだ。「日本の研究者にはわからないだろうけど、アメリカの大学ではこういう資金集めが大変なんだよ」と所長だったカーター・エッカルトがボヤいていたのが印象に残っている。

結局、ハーバード大学には一九九九年一〇月末まで在籍し、私は神戸に戻ることになった。実はこのアメリカ滞在を前後する時期、私は研究生活で最も長い期間、韓国を訪れていない。アジア経済危機からその後の改革に苦しむ韓国社会の様子を直接目にはしていない。

この時期に韓国との距離が開いた理由はいくつかある。

一つは当時の私の研究の中心が、新しい論文の執筆よりもむしろ、出版を断られた原稿を修正して出版し、博士論文にすることに置かれていたからだ。この努力はやがて実り、『朝鮮/韓国ナショナリズムと「小国」意識』として二〇〇〇年一〇月にミネルヴァ書房から刊行される。

もう一つは、家族ができたからだ。独身時代とは異なり、家族を持つようになったことで、充実した家庭生活を送れるようになったものの、自由気ままにソウルを訪れることはできなくなっていた。そして、まもなく二人の娘たちも生まれることになる。

妻子との初の韓国滞在

アメリカからの帰国後、初の本格的な韓国での資料調査の機会は、翌二〇〇一年夏にやって来た。滞在先は当時、韓国の最も著名な政治学者の一人として知られ、時の金大中政権のブレインも務めていた崔章集先生が所長を務める高麗大学亜細亜研究所である。このときは少し遅れて妻と長女も合流し、初めての家族での韓国滞在になった。三ヵ月余りという短期間だが韓国で子育ての経験をすることになったわけだ。当初は予想もしていなかったが、家族との滞在は私に韓国への異なる視点を与えてくれた。

たとえばそれまでの韓国暮らしで私は自炊をしたことはなかった。だから、料理の名前を韓国語で知っていても、野菜や肉といった食材に関わる細かい単語はよく知らなかった。ましてや紙おむつや粉ミルクという単語を知るはずもなく、韓国の友人たちの子育てについてのアドバイスと合わせて、異なる韓国の姿を知ることができた気がした。

また、この二〇〇一年夏における韓国での体験は、日韓の経済的、社会的格差を考えるうえで、私に大きな認識の変化を与えてくれた。これについては後で詳述したい。

さて、この韓国滞在ではうれしいニュースもあった。前年に出版した『朝鮮/韓国ナショナリズムと「小国」意識』が、毎日新聞社・アジア調査会主催のアジア太平洋賞特別賞を受賞する、という連絡が来たからだ。

同書の内容をかいつまんで言うとこうだ。韓国の経済発展が外資の導入に支えられたことはよく知られている。だが、時に外資の導入は外資への従属をもたらすことがあり、人々はこれを外国による経済侵略だと警戒する。では強いナショナリズムを持つ韓国はこの矛盾をどう解決したのか。そこには韓国固有のナショナリズムの論理があり、そこに至るまでの長い試行錯誤が存在した。同書はそれから二〇年以上を経た今日も依然として増刷され続けているので、詳しい内容は是非、図書館や書店で直接手に取って読んで欲しい。

出版に漕ぎ着けるだけで苦労した著作が、まさか高い評価を得られるとは思っていなかった。学術賞など私とは縁のないものと思っており、どんなものがあるかさえ知らなかった。うれしい驚きだった。この授賞式はこの年の一一月に東京で行われた。これまでの努力が認められた。そう思った瞬間だった。

2　韓国併合再検討国際会議——研究と政治の狭間で

合法か、違法か

思い起こせば、アメリカ留学を経て大きく変わったのは、それまで日本と韓国、そして自らの狭い視野により限られていた研究の場が、飛躍的に拡大していったことである。

そのさらなる大きな拡大のきっかけは、二〇〇一年一月から始まった「歴史的国際法的観点からの日本の韓国併合再検討」（A Reconsideration of Japanese Annexation of Korea from the Historical and International Law Perspectives）のための国際会議（以下、韓国併合再検討国際会議）への参加だった。

第一回から参加した国際基督教大学の笹川紀勝によれば、この会議の発端は、岩波書店の雑誌『世界』に掲載された韓国併合の合法性をめぐる彼らの論文にハーバード大学のコリア・インスティテュートなどが着目し、国際会議の開催を提案したことによる。これを韓国国際交流財団が支援し、ハワイ、東京、ボストンで各一回、合計三回の国際会議が開催されることになった。私はこの会議に二〇〇一年四月、東京での第二回から参加した。先述した高麗大学滞在の直前である。

韓国併合再検討国際会議の主題は、もちろん一九一〇年の韓国併合が合法であるか否か、である。合法か違法かの議論の枠組については4章3節で詳述する。

メンバーは、韓国からソウル大学の李泰鎮《イテジン》、白忠鉉《ペクチュンヒョン》両先生、ハーバード大学からカーター・エッカルト、アンドリュー・ゴードン両先生など錚々たるものだった。日本からは、先に触れた笹川先生のほかに明治大学の海野福寿、広島女子大学の原田環の両先生をはじめとする日本近代史や朝鮮近代史の専門家に加えて、国際法学者である関西大学の坂元茂樹先生らが参加した。

私が参加したのは原田先生から声がかかったからだ。私が修士論文を書いていた頃からお世話になり、愛媛大学在任時には、瀬戸内海を挟んで対岸の広島で行われていた原田先生主催の研究会にも参加していた。ただ、どうして私に声がかかったのかはよくわからなかった。

この二〇〇一年時点で、日韓の間ではすでに歴史認識問題に関わるさまざまな葛藤が起こっていた。だが、私はそれらの問題に大きな関心を持っていなかった。否、意図的に避けすらしていた。議論があまりに政治的であり、学問的に生産性があるものには見えなかったからだ。

だからこそ、すでにお気づきの読者もいるかもしれないが、ここまでの回想には、私が研究生活を送ってきたのと同時期の出来事である、慰安婦問題をめぐる『朝日新聞』の一九九二年一月のスクープや、翌年八月の河野談話、さらには一九九五年の村山談話などの思い出は書いていない。もちろん、当時の私がそれらをまったく知らなかったわけではない。しかし、この時点までの私にとって、それらは私の人生や研究とは無関係の「テレビ画面の向こうの出来事」だとしか考えられなかったからだ。にもかかわらず、韓国併合再検討国際会議に参加したのは、仲介者が原田先生であり、また最後の会議がハーバード大学で行われると聞いていたからだった。要は私はもう一度ボストンの地を踏みたかったのだ。

私は二〇〇一年四月、東京、より正確には多摩市にある京王プラザホテルで行われる第二回韓国併合再検討国際会議に参加した。「京王プラザ」と聞き、勝手に会場は新宿だと思い込み、あわてて多摩センターに向かったくらいだから、いかにこの会議の準備を私がしていなかったかがわかる。

手許に当時の議事録やレジュメが残っていないので、そこで誰が発表し、どんな議論が行われたのかは、詳述できないが、よく覚えているのは、この韓国併合再検討国際会議が、私がこれまで出席した学会や研究会とはまったく異なる雰囲気を持っていたことである。一九一〇年の韓国併合という単一の事象について、一部の日本の参加者を除く日韓両国の参加者が、合法論と違法論の二つにきれいに分かれて対峙し議論したからだ。

研究者の役割とは、独自の研究をし、独自の分析結果を出すことだと考えていた私にとって、既存の議論を前提に、その賛否を争うやり方はカルチャーショックに近いものだった。これは、のちの歴史認識問題をめぐる一部の人々の「日韓両国のどちらが正しいのか」という議論と同じだった。このときの違和感は、二〇年以上を経たいまでも強く残っている。

幸いだったのは、会議に私がそれまで滞在したことがあるソウル大学とハーバード大学の先生方が数多く参加していたことだった。だから初めての本格的な国際会議だったが、私は比較的、臆せず参加できた。私の話す英語と韓国語は、現在と比べてもさらに拙かったが、既知の先生が多く、彼らの考えはそれなりにわかった気がしていた。

会議の最後――皆が笑顔で記念撮影

第三回韓国併合再検討国際会議は、私が高麗大学から神戸に戻った後の二〇〇一年一一月にボストン近郊で開催された。当時のアメリカは大きな緊張のなかにあった。九月一一日にアメリカ同時多発テロが起きたからだ。

事件当日の私は先の高麗大学留学中で、崩れ落ちる貿易センタービルの姿を、茫然とした思いで宿舎のテレビで見ていた。翌日には、家族とソウル市内の米軍基地に近い梨泰院を訪れたが、いつもと違い人気が少なく、閑散としたなかにも緊張した雰囲気があった。

それから二ヵ月後のアメリカでの会議である。参加予定者のなかには、テロの危険を恐れて日程をキャンセルする人もいた。正直、自分の気持ちも揺れ動いていたが、結局、ご自身は旅程をキャンセルされた、この会議の日本側のまとめ役の一人の先生からの「きみしかいないから頼んだ」という一声を受けて、重い腰を上げて参加することにした。

あろうことか出発の前日、ニューヨークで航空機墜落事故があり、これもまたテロではないかと観測が流れていた。私が乗る航空機は、関西国際空港からソウルで乗り換えてニューヨーク、さらにボストンに向かうものだった。同時多発テロの対象にもなったニューヨーク―ボストン便を乗り継ぐのに不安がないとは言えなかった。

ともあれ、現地に無事到着し、第三回の会議が始まった。この内容についてはすでに別稿(「第3回韓国併合再検討国際会議―「合法・違法」を超えて」『日本植民地研究』一四、二〇〇二年)で詳述したので、本書で同じ内容を繰り返すことはやめておこう。この会議では欧米の出席者から「そもそも帝国主義時代の植民地化について、その合法性を議論すること自体がナンセンスである」という旨の発言があり、韓国側の参加者がこれに大きく反発する場面もあったものの、参加者が各々の立場を堅持して対峙する基本的な状況は変わらなかった。

こうして議論は当然のように平行線に終わり、最後は司会役に当たったハーバード大学のゴードン先生の提案で、皆がぎこちない笑顔で記念撮影をしてお茶を濁《にご》す形で、無理矢理幕を閉じることになった。

両者の主張を聞くことは勉強になったが、これは果たして研究なのか。この疑問は、歴史認識問題に関わる類似した議論で、私に付きまとう疑問となった。結局、韓国を「研究する」とはどういうことなのか、と。

3　政治学研究での煩悶――新しい潮流の隆盛

研究への自問――新しい政治学の跳梁

これは果たして「研究」なのか――。こうした疑問はこの時期、そしてそれ以後も私を悩ませるもう一つの疑問と大きく結びついていた。本書の本題である韓国に直接関わる話ではないが、私の半生のなかで重要な問題なので、簡単に触れておきたい。

一九九〇年代初頭、私が大学院に入り研究者人生を送り始めた当時の学界をめぐる環境から説明したい。学部時代に比較政治学のゼミに入り、私なりに政治学研究の真似事を始めた頃、日本の政治学界には一つの大きな潮流が押し寄せていた。アメリカに端を発する政治科学の本格的な流入である。この流れを私なりに簡単に整理すれば次のようになる。

それまで日本の政治学では、政治史や思想史の研究が大きな比重を占め、そこでは分析より叙述に力点を置いた研究が行われていた。その代表例は丸山眞男である。『現代政治の思想と行動』などに典型的に表れるように、そこでは比較的限られた歴史的あるいは思想的考察から、現実政治への大胆な仮説や問題提起が行われ、厳密な意味での因果関係の証明は軽視される傾向にあった。

このようななか一九八〇年代以降、アメリカからの政治科学の影響を受け、データに基づき政治現象に関わる因果関係を推論していくスタイルの研究が登場した。この潮流の中心には、一九八七年に創刊された雑誌『レヴァイアサン』の編集人となった猪口孝、村松岐夫、大嶽秀夫、蒲島郁夫らがいた。

村松先生は私も学部時代に師事した教員の一人であり、その研究スタイルからは大きな刺激を受けていた。しかし、このような新たな研究の流入は、政治学を専攻しようとする人々の間に大きな対立と葛藤をもたらした。

私が学生時代を送った京都大学はこの新しい「政治科学的」な政治学研究の中心地の一つであり、この新しいスタイルの政治学を研究する人々は、まだ若く実に意気軒昂だった。彼らはその活動のなかで、従来の叙述的なスタイルの政治学を、社会科学とは程遠い文学的なエッセー、あるいは評論に過ぎないと切り捨て、自らが奉じる政治科学的なスタイルの優位性を声高に主張した。進んで、古い叙述的なスタイルの研究を「政治学ではない」「研究という名に値しない」として、否定する人たちも現れた。

このような当時の政治学をめぐる対立と葛藤は、韓国の政治史から、歴史的経験とそれにより形成される言説や物事の考え方の変化を見出し、読み解こうとする、どちらかといえば古い叙述的なスタイルの政治学を志向していた私にとって大きな悩みとなった。たしかに新しい政治科学的なスタイルの研究は魅力的だったし、その内容も高く評価していた。憧れていたという言葉を使っても間違いないだろう。それは当時もいまもまったく変わらない。

しかし、彼らが異なるスタイルで行われる研究を殊更《ことさら》に批判し、「政治学ではない」「研究という名に値しない」と否定するのを見るのはつらかった。その批判は潜在的には自分の研究にも向けられているとも感じていた。個々の研究の内容を、内在的に批判するのはまだわかる。だがそれがなぜ研究そのものの全否定に繋がるのかわからなかった。

だが当時の私はその思いを口にはできなかった。そのようなことを言えば、私自身の研究も同様に否定されることは間違いないと恐れていたからだ。だからこそ毎日のように自問した。彼らが言うように、自分の行っているものが「政治学ではない」「研究という名に値しない」ものだとすれば、それはいったい何なのかと。それはまさに「研究する」意味との葛藤の日々だった。

「研究する」ことの意味との葛藤

悩みは就職後も解消されず、神戸大学異動後にはさらに深刻になった。新たな所属先に、この新しい政治科学的なスタイルへの研究内容の変更を求める人々がいたからだ。

それは彼らなりに、私の将来を慮《おもんぱか》ってのことだったのかもしれない。しかし、研究者には各々が目指す研究があり、そのスタイルも目指す研究によって変わってくる。当時の私は韓国の政治やナショナリズムを、その歴史的形成過程から読み解こうとしており、この自分の研究に、大きな学問的意味があるとも信じていた。いや信じようとしていたといった方が正確かもしれない。だからある段階までは、研究スタイルを変えろと言われるのは、スタイルの問題ではなく、そのスタイルを用いた私の研究の水準が低いことが原因なのだ、と思っていた。

この頃の自分はいまと比べても、はるかに地道な研究を積み重ねていたし、勉強もしていたと思う。二〇〇〇年代に入り、立て続けに書籍を出版することができたのも、結果的にこの頃の蓄積があったからだった。しかし厄介だったのは、研究成果を積み重ねていっても、「政治科学的」なスタイルの研究を信奉する人々との関係が、改善されるどころかますます悪化したことである。

たとえば、二〇〇〇年春、ある研究会後の懇親会での出来事だ。この研究会には「報告の内容は何でもよい」と、ある人に言われて参加した。私はこのとき、植民地支配からの解放直後の韓国の政治状況について報告した。これはのちに二冊目の著作の一部になる内容だ。だが研究は依然途上であり、お世辞にも報告は完成されたものとは言えなかった。

そして、報告後の懇親会の二次会である。私を研究会に呼んだ彼はなぜか大変上機嫌で、私にこう言い放った。「お前は歴史学ができない。そして、お前は政治学もできない」。彼は野球の投手のように、大きく右腕を振り上げてから、私の鼻の前に振り下ろしてこう叫んだ。「そう、お前には何もない！」。

まるで藤子不二雄Aが描く漫画のキャラクターに、引導を渡される人物みたいじゃないか……。大きな声で笑う彼を見ながら、私は何だかとても惨《みじ》めな気分になった。この風景は私の頭のなかに深く刻まれ、のちに何度もフラッシュバックする。

私はこう考えた。この人たちは私がどんな研究をしても、最初から認めるつもりはないのかもしれない。なぜなら彼らにとっては、私がどのような研究をしようとも、それは「政治学ではない」「研究という名に値しない」存在だからである。これからの将来を想像したら暗澹《あんたん》たる気持ちになった。

それでもやはり、認めて欲しいという気持ちはあった。それ以外にこの状況から抜け出す方法も思いつかず、自分なりに努力を続けた。結果、二〇〇三年には二冊目の著作『韓国における「権威主義的体制」の成立』（ミネルヴァ書房、二〇〇三年）を出版し、私はこの著作でサントリー学芸賞を頂戴した。この著作は韓国を第二次世界大戦後の新興国の一つとして位置付け、なぜ当初は民主主義的な体制だったこの国が、初代大統領である李承晩による権威主義的体制へと転落していったかを、論じたものだ。

若手の人文社会科学研究者なら誰もが欲しい憧れの賞であり、だからもちろんとてもうれしかった。うれしくて、そこからはしばらく毎年のように本を出版した。学術雑誌や新聞などでも取り上げられた。だから、自分ではそれなりの評価を受けているはずだ、と思っていた。

しかし、私を取り巻く身近な状況は何も変わらなかった。事務的な仕事だけは増える一方で、講座での孤立は深まっていった。「どうせここでは自分の意見は聞き入れられないのだ」と最初から諦めることも多くなっていった。

もちろん、それなりに知られた大学のそれなりのポストに就いていたのだから自らの行く末をそれほど悲観する必要がないことは頭ではわかっていた。しかしそれでも、もがけばもがくほど深みに落ちて行く蟻地獄のような毎日がとてもつらかった。やがて人に会うことすら怖くなり、二〇〇七年頃には、支援を受けている科学研究費補助金の研究会を主宰することも難しくなった。どんなに業績を上げても、周囲の目が変わらないのなら、もう何をどうしてよいのかわからない、そう思い込んで悩んでいた。

考えてみれば、当時の私は、すでに四〇歳を過ぎた大人であり、他所ではそれなりの評価を受けていた。つまらない言葉や、研究を理解してくれない人々のことなど、気にしなければ済むだけだった。情けない話と言えば、このうえなく情けない話である。だが、残念なことにメンタルを病んでいた未熟な自分にはその簡単なことができなかった。

結局、周囲のアドバイスを受けてカウンセリングを受けるようになり、「不安神経症の疑いあり」という診断結果をもらった。そこから今日まで続く心療内科に通う長い長い日々が続くことになる。

いま大学教員となっている当時の教え子の一人は、「先生は笑わないものだと思っていました」とのちに話してくれたから、彼らには大きな迷惑をかけたのだろうと思う。この場を借りて、家族や当時の教え子たちに深くおわびしたい。

第3章　対立先鋭化の予兆——盧武鉉の登場と歴史認識問題

1　日韓歴史共同研究——政府主導の会議の政治化

政府主導の日韓歴史共同研究

政治科学的な研究スタイルの政治学の影響が強くなり、大学内でも精神的葛藤のなかにいた当時、それでも私の関心はあくまで韓国という地域で起こっている現実そのものにあり、それを人々がどのように認識し、行動しているかにあった。私は単純にそれが知りたかったし、まずそれを知ることから研究の基礎を作り上げたいと考えていた。

そうしたなか、その後の研究の方向性を決定付けるプロジェクトに出会う。二〇〇二年から一〇年までの間、二期にわたって行われた日韓歴史共同研究である。

この日韓歴史共同研究は二〇〇一年、小泉純一郎首相と金大中大統領の間で開催された首

3−1　第１期委員，終了時

	日本側	韓国側
座長	三谷太一郎 （東京大学）	趙東杰 （国民大学）
第１分科（古代）	石井正敏 （中央大学） 佐藤信 （東京大学） 濱田耕策 （九州大学）	金泰植 （弘益大学） 金鉉球 （高麗大学） 盧重国 （啓明大学）
第２分科（中近世）	田代和生 （慶應義塾大学） 吉田光男 （東京大学） 六反田豊 （東京大学）	孫承喆 （江原大学） 鄭求福 （韓国学中央研究院） 趙珖 （高麗大学）
第３分科（近現代）	小此木政夫 （慶應義塾大学） 原田環 （県立広島大学） 古田博司 （筑波大学） 森山茂徳 （首都大学東京）	鄭在貞 （ソウル市立大学） 李萬烈 （国史編纂委員会） 金度亨 （延世大学） 金聖甫 （延世大学）

註記：（　）内は所属
出典：日韓文化交流基金 HP を基に修正

脳会談で合意された国家間プロジェクトであり、その設置と運営には、日韓両国政府が直接関与した。

二〇〇一年は、翌年に日韓共催のサッカーワールド杯（以下、サッカーW杯）開催を控えていた。両国政府はこのタイミングを利用し、両国の専門家による歴史共同研究を立ち上げ、相互の友好関係強化に役立てようとしたのだ。

第一期の日韓歴史共同研究は、日本側座長が三谷太一郎東京大学名誉教授、韓

国側座長が趙東杰《チョドンゴル》国民大学名誉教授という、押しも押されもせぬ重鎮歴史学者を座長として行われた。

座長の下には、古代、中世、近現代を担当する三つの分科が置かれ、各分野を専門とする研究者が委員として配置された。首脳会談が行われた二〇〇一年の時点で私はまだ三五歳、一介の地方国立大学助教授に過ぎず、当然ながら発足などに携われる立場にはない。参考に委員の一覧を載せておく。

手許の記録によれば、私がこの歴史共同研究と最初に関連を持ったのは二〇〇三年七月二六日、すでに第一期の共同研究が始まり、その組織化が進む過程でのことだった。記録がないので、正確ではないかもしれないが、このときも原田環先生から話が来たはずだ。

私は近現代以降の歴史を担当する第三分科の研究協力者候補として面接を受けた。場所は高校生活を送った奈良市にある県立文化会館の一室。この県立文化会館は、不真面目な高校生だった私が、学校をさぼって本を読み漁った図書館もある建物だったから、古いホームグラウンドみたいなものだった。二〇分ほどの報告を、日本側研究者の前で行ったはずだ。

日韓共同研究への参画――朝鮮人動員の論考

私の報告のどこが評価されたのかは不明だが、その後正式に第三分科の研究協力者に選ばれ、この共同研究に参加した。とはいえ、研究協力者とはあくまで協力者に過ぎず、共同研究そのものの運営などにはタッチしない。研究の題材を自由に選ぶことも許されず、与えられた課題をこなすのが仕事だった。

私が依頼を受けたのは、総力戦期の朝鮮半島における動員過程、つまり、日中戦争期から太平洋戦争期にかけての朝鮮半島で、当時の日本政府が人々をどのように動員したのかについて、まとめ、論文を書くことだった。

正直、この題材を与えられたときには、「引き受けなければよかった」という思いが強かった。この問題こそが日韓両国に横たわる歴史認識問題の中核であり、その論文を書くことで、厄介な日韓間の歴史認識問題の渦中に投げ込まれることは、火を見るよりも明らかだったからだ。さらに、これまでの研究は韓国のナショナリズムの形成過程についてだったから、依頼のテーマについては私自身の研究の蓄積はなかった。

とはいえ、第三分科の共同研究委員は、小此木政夫、北岡伸一、原田環、森山茂徳の各先生。途中から古田博司先生が加わった（北岡先生は国連大使就任のために委員を外れた）。言うまでもなく、小此木、原田、森山、そして古田の各先生はこの時点で朝鮮半島研究の第一人者であり、北岡先生も戦前の陸軍研究を中心とする日本政治史研究のスターである。ついでに言えば、北岡先生は高校の先輩でもあり、これらの重鎮教授たちから「与えられた」課題

第1期日韓歴史共同研究の委員たちと小泉純一郎首相（右端），2005年3月25日．共同フォト

を拒否することは、駆け出しの一助教授には難しかった。「重鎮教授たちにとんでもない仕事を押し付けられた」。当時はそう思っていても口にすることはできなかった。

いずれにせよ私は、与えられた役割をただ黙々と、いや正確にはときどき愚痴をこぼしながらこなした。成果はまず二〇〇四年三月に横浜プリンスホテルで行われた研究会で発表したが、その内容は決してできのよいものではなかった。だが、大きな反発は日本側からはもちろん、韓国側からも出なかったのでとりあえずは安心した。

日韓歴史共同研究で印象的だったのは、昼と夜の違いだった。日韓の研究者たちは、昼、言い換えるなら公式の研究会ではお互いの立場を主張して対立した。しかし、夜、つまり研究会後の懇親会では打ち解けているように見えた。韓国側の委員の多くが日本語を解したこともあり、コミュニケーションもスムーズで、これは研究会そのものよりも、研究者間の交流の方が意味があると考えた。末席で、そしてほんのさわりだけだったとはいえ、日韓の歴史認識問題における双方の議論と研究者の関係をさまざまな角度から見ることができたのは興味深い経験だった。

結局、裏舞台はよくわからなかったが、この第一期の日韓歴史共同研究は、実質的な最終年だった二〇〇四年の日韓首脳会談で、金大中の後任である盧武鉉《ノムヒョン》大統領が、「歴史共同研究は続けなければならない」（『朝日新聞』二〇〇四年一二月一八日）と述べたように、両国政府、とりわけ韓国側から高い評価を受けることになった。

この第一期共同研究は六回の合同全体会議、合計四五回の合同分科会、共同発表会を経て予定通り二〇〇五年にすべてを終了し、五月に報告書が発表された。これについてはウェブからいまでも閲覧できる。私の論文「総力戦体制期の朝鮮半島に関する一考察――人的動員を中心にして」も掲載されている。

この報告書発表直前に行われた外相会談で、日韓両国は共同研究の継続を確認、第二期の研究開始が、事実上ここで確定する。

盧武鉉政権の登場――韓国国内問題の飛び火

しかし、状況は次第に変わっていく。

当初は、二〇〇五年一二月に予定されていた日韓首脳会談での正式発表を念頭に、〇六年内の開始を目標に準備が進められていた第二期の日韓歴史共同研究は、実際の開始までに二年近い月日を費やさねばならなかった。

最初に問題となったのは、歴史教科書の扱いだった。先述したように、第一期の日韓歴史共同研究は、古代・中世・近現代という時代別区分に従って行われた。言い換えるなら、そこでの検討対象は日韓両国の「歴史」そのものであり、日韓両国の「歴史認識」についての直接の検討は行われなかった。

大統領選での盧武鉉，ソウル，2002年11月28日．筆者撮影

第一期日韓歴史共同研究が行われた二〇〇二年から〇五年の間にある、〇三年に成立した盧武鉉政権は、歴史認識問題について、これまでの政権とは一線を画す姿勢を示していた。最大の特徴は、日本との歴史認識問題を、韓国国内の政治的対立とリンクさせたことである。盧武鉉政権は、植民地期から二一世紀まで繋がる保守勢力の流れを、植民地期の日本統治機関への協力

者、韓国で言う「親日派」の末裔《まつえい》と位置付けていた。

盧武鉉はこの理解を前提に、李承晩、朴正熙、全斗煥と続いた権威主義体制期の韓国は、これら親日派末裔の支配下にあり、彼らによる非民主主義的な支配体制は、一面では植民地期の悪しき遺産だった、と主張した。つまり、盧武鉉は韓国の民主化と自らの政権による改革を、親日派の末裔から民衆が権力を奪い返す過程として位置付けた。

だからこそ盧武鉉政権は、これまでとは異なり、日本との関係の範囲を超えて、韓国の国内問題としての歴史認識問題にも大きな関心を向けた。この主張によれば、権威主義体制期に基礎がつくられた韓国の古い歴史認識は、親日派の末裔による統治を正当化する「誤った」歴史認識だからだ。それゆえにこれを民主化の時代に相応しい「正しい」歴史認識に沿ったものに改めなければならない、と主張した。

重要なのは、盧武鉉政権が積極的な歴史の見直しを国内で行っていたことだ。だから彼らは、当然日本でも歴史の見直しが同様に行われるべきだと考えていた。そのため盧武鉉政権は、日韓歴史共同研究でも歴史の見直しの成果が、両国の歴史認識に反映される必要があると主張し、そのために両国の教科書が研究成果に沿って書き直されることを要求した。

しかし、このような韓国政府の要求は、日本政府には受け入れがたいものだった。背景には両国の教科書制度の違いがあった。

韓国の歴史教科書はこの頃まで国定制の下にあり、国立の歴史研究機関である国史編纂委員会が編集を行った教科書しか存在しなかった。対して、周知のように日本の教科書制度は検定制であり、複数の出版社が文科省の定めた教育指導要領の範囲で異なる教科書を発行し、各地域の教育委員会に選定を委ねていた。検定制下の日本では、記述の細部にまで教科書会社に変更を要求するのは不適切であり、また不可能だった。

だから、異なる教科書制度の日韓両国は、歴史共同研究で教科書がどう扱われるべきかをめぐって対立することを余儀なくされた。

教科書小グループ委員への就任要請

結局、二〇〇五年六月、第二期日韓歴史共同研究では、歴史教科書の記述内容の検討を行う「教科書小グループ」を設置して、とりあえずの議論を行うことが、日韓両国政府間で決定された。小委員会を設置して、議論をさせてみて、そこから後はまたあらためて考えようという両国政府の妥協の産物だった。

その後、紆余曲折を経て二〇〇六年二月、日韓両国政府は第二期日韓歴史共同研究の大枠での合意を発表する。そこでは慶應義塾大学の小此木政夫と高麗大学の趙珖《チョグァン》の両教授が日韓両国を代表して座長を務め、その下に日韓各一五人の委員による全体委員会が構成されるものとされた。

これらの各委員は古代・中近世・近現代の三分科会、新たに設置された教科書小グループのいずれかに属し、各々の立場で研究プロジェクトを遂行することとなる。

第二期日韓歴史共同研究について、こうした報道がされていた頃、私の家に一本の電話がかかってきた。すでに第二期の共同研究で日本側座長を務めることが発表されていた小此木政夫先生からである。新しく設けられる教科書小グループの委員への就任依頼だった。メモなど残っていないので正確な時期はわからないが、記憶が正しければ二〇〇六年の早い時期だった。

第一期日韓共同研究での経験は、それなりに興味深く、研究協力者に過ぎなかった私の負担は、論文を書く部分以外では、それほど大きなものではなかった。小此木先生は学会などでの交流を通じて知っていたし、メディアを通して垣間見えるバランス感覚は十分に信頼できると思っていた。

しかし何よりも、韓国のナショナリズムに関わる研究をしていた私には、文字通り日韓両国の歴史認識がぶつかり合う歴史共同研究、それも教科書に関わる現場に正規の委員として入り、言わばかぶりつきでその様相を見ることができるのは、魅力的に映った。教科書小グループは、第二期日韓歴史共同研究で最も注目される小委員会であり、その状況を現場で観察できる機会は研究者として何物にも代えがたかった。

私は小此木先生からの依頼を二つ返事で承諾し、第二期日韓歴史共同研究に正式な委員の立場で参加することになる。つまり私はこの歴史研究に日韓の歴史認識対立を緩和する社会的な目的を果たすためというより、一研究者として日韓関係や韓国のナショナリズムの参与観察のために、参加を決めたわけである。

安倍政権へ――始まらない共同研究、座長の交代

しかし、私の選択がいかに安易だったかはまもなく明らかになる。そもそもこの第二期日韓歴史共同研究は、その後もなかなか始まらなかった。

当時の『毎日新聞』によれば、この共同研究は先の二〇〇六年二月の大枠での合意発表後、当初は二ヵ月後の四月に開始する方向で準備が進められていた。だが、日本側メンバーの人選が難航し遅れることになった。加えて、五月に入ると日韓両国の間では後述する竹島問題が勃発し、共同研究の前提となる日韓両国間の外交交渉自体が暗礁に乗り上げた。

当時の私は知る由もなかったが、日本側メンバーの人選が難航した背景には、一つの大きな動きがあった。当時は五年を超える長期政権を誇った小泉純一郎が、二〇〇六年九月の自民党総裁選を前に退任することを宣言し、後任に小泉が推す安倍晋三が就任することが事実

上確定していた時期である。実際、二〇〇六年九月に安倍晋三は首相に就くことになる。その安倍が第二期日韓共同研究の日本側座長に内定していた小此木先生に強い不信感を表明している、という話が伝えられていた。

小泉政権下、官房長官やその代理を歴任した安倍が大きな注目を集める契機の一つとなったのは、二〇〇二年の小泉訪朝で表面化した、北朝鮮による日本人拉致問題だった。この拉致問題の解決や日朝国交正常化に向けて、時に妥協的になりがちな外務省に対して、安倍は一貫して断固とした姿勢を取ることを主張していた。だからこそ安倍は拉致問題に関わる政治過程で、外務省に近い立場を取り、時に問題解決のためにこそ北朝鮮との対話の必要性を主張した小此木先生に、強い不信感を抱いているという噂だった。

この噂がどの程度事実を反映していたかはわからない。ただ私が信頼を寄せていた小此木先生の名前は、二〇〇七年四月に発表された、第二期日韓共同研究の日本側委員の中には存在しなかった。詳しい事情はよくわからなかったが、吉田光男先生ほか、第一期の共同研究で重要な役割を果たした人々の多くの名前もそこにはなかった。

小此木先生に代わって日本側の座長に就任したのは、東京大学名誉教授の鳥海靖先生だった。もちろん鳥海先生も実績十分の歴史学界の重鎮である。ただ日韓関係に関わる研究の実績が特にあるわけではなく、韓国での人脈、日本の朝鮮半島研究者との関係も、残念ながら小此木先生と比べるとはるかに稀薄だと言わざるを得なかった。だからこそ小此木先生の交代は、その後の日韓歴史共同研究に長く暗い影を落とした。なぜなら、共同研究開始後、日本側の委員は求心力を失い、各分科会がバラバラに行動していったからだ。

2　険悪な雰囲気、嚙み合わない議論

予想以上に険しい雰囲気

ともあれ、第二期の日韓共同歴史研究は、二〇〇七年春ようやく本格的に開始された。

第一回の全体会合、つまり、古代史、中近世史、近現代史、さらには私が所属する教科書小グループのすべての委員を集めた会合は、六月二三日に東京で行われたが、その雰囲気は予想以上に険しいものだった。背景には、第一期が開始された二〇〇二年からこの〇七年までの間の日韓関係の悪化があった。

第一期の共同研究が開始された二〇〇二年は日韓共催サッカーW杯の年であり、先述したように両国政府はこの機会を利用して友好ムードを盛り上げようと努めていた。後述する二〇〇三年からの韓流ブームは一面ではその結果であり、日韓関係の将来には明るい展望があった。

しかし、二〇〇五年頃から日韓関係は急速に悪化していた。大きなきっかけは三月の島根県の「竹島の日」制定をめぐる対立である。さらに七月には韓国の歴史認識を痛烈に批判した『マンガ嫌韓流』が発売され、その挑発的な内容が大きな注目を浴びることになった。悪化の背景には、両国の政権交代の影響もあった。先述したように二〇〇三年には盧武鉉、〇六年からは安倍晋三による新政権が成立していた。ともに相手国に厳しい態度で接しようとしていた。

このような環境で選任された第二期日韓共同歴史研究の委員は、その多くが日韓両国の歴史認識を代弁する傾向を強くし、勢い各委員会での議論も対立的なものとならざるを得なかった。全体会合でも、両者は明らかに互いを警戒し、ピリピリとした雰囲気が流れていた。

この緊張感のなか、私が委員として所属した教科書小グループは、歴史教科書の記述を検討するために新たに設置され、その議論が両国教科書の歴史記述に反映される可能性のあるものとして、メディアでも注目を集めていた。

ある委員の挑発的な発言

日本側の委員は、私のほかに早稲田大学の重村智計、佐賀大学の永島広紀、筑波大学の古田博司、東京大学の山内昌之、帝京大学の山室建徳の各先生方だった。小グループの代表は、古田先生が務めた。

しかし両国委員の議論はお世辞にも建設的なものとは言えなかった。その理由はいくつかあった。一つは、一部の委員が相手側に挑発的な発言を行ったからだ。この問題は、私が所属した教科書小グループできわめて顕著だった。

最終報告書によれば、私が参加した教科書小グループの会合は、日韓両国の委員がともに参加する合同会議が一三回、論文批評会が一回、日本側委員のみによる研究会が二回開かれている。そのうち私は、日本側委員のみによる研究会に一回欠席しただけだったから、不真面目な理由で参加を決めたにしては、よくも真面目に勤め上げたものである。

会議の雰囲気は回数を重ねるごとに険悪なものとなっていった。とりわけ日本側「教科書小グループ」の代表だった古田先生の発言に対する韓国側委員の反発は強かった。ついには、二〇〇九年一一月一七日、ソウルで行われた一三回目の会合で、韓国側の委員たちが、ボイコットを表明する事態にまで発展した。彼らは「前近代の朝鮮半島には染色の技術はなかった」などといった発言を繰り返し行う古田先生の謝罪なくしては、会議に応じることはできないと主張したのだ。

結局、この問題は、日本側があらかじめ用意し、韓国側の了承を取り付けた「遺憾の意」を示す文章を古田先生が読み上げることで、「とりあえず」解決したが、その後も韓国側には日本側に対する強い不信感が残り続けた。不満を持ったのは古田先生も同様であり、彼はこの事件後、会議には参加しなくなった。

このような状況のなか、日本側の小グループは取りまとめ役を失い、私はやむを得ず、その代理役的な職務を果たすこととなった。そのため、時に東京に赴き外務省で担当者の意向を聞き、またソウルで韓国側の委員と善後策を協議するなど、負担はきわめて重いものとなっていった。

メンバー構成の限界

もう一つの問題は、共同研究の組織構成そのものにあった。

第一期、第二期と行われた日韓歴史共同研究は、両国間の歴史認識をめぐる齟齬《そご》の解消、あるいは緩和が目的だった。直接的な契機は、検定を通過した「新しい教科書をつくる会」による歴史教科書の記述をめぐる問題だった。だからこそ、韓国政府が再三にわたって要求したように、共同研究の最終的な目的は、少なくとも当初は、研究内容を歴史教科書に反映されることにあった。

では、歴史教科書に反映させるべき内容を決めるわれわれ委員は、どのようなメンバーだったのか。二度にわたる共同研究で大半を占めたのは、歴史そのものを研究する歴史学者た

3−2　第二期委員，終了時

	日本側	韓国側
委員長	鳥海靖（東京大学）	趙珖（高麗大学）
第１分科会（古代）	坂上康俊（九州大学） 濱田耕策（九州大学） 森公章（東洋大学）	金泰植（弘益大学） 盧泰敦（ソウル大学） 趙法鍾（又石大学）
第２分科会（中近世）	桑野栄治（久留米大学） 佐伯弘次（九州大学） 須川英徳（横浜国立大学）	孫承喆（江原大学） 李啓煌（仁荷大学） 韓明基（明知大学）
第３分科会（近現代）	有馬學（九州大学） 大西裕（神戸大学） 原田環（県立広島大学） 春木育美（東洋英和女学院大学）	朱鎭五（祥明大学） 柳承烈（江原大学） 河棕文（韓神大学） 李碩祐（仁荷大学）
教科書小グループ	木村幹（神戸大学） 重村智計（早稲田大学） 永島広紀（佐賀大学） 古田博司（筑波大学） 山内昌之（東京大学） 山室建徳（帝京大学）	李讃熙（韓国教育開発院） 鄭在貞（ソウル市立大学） 金度亨（延世大学） 鄭鎭星（ソウル大学） 玄明喆（京畿高等学校） 辛珠柏（延世大学）

註記：（　）内は所属
出典：日韓文化交流基金ＨＰを基に修正

ちだった。教科書小グループのメンバーも同様である。あくまで歴史の事実に関わる専門家であり、無数に存在する事実のなかから何をどのように教科書に記すべきかといった歴史認識や歴史教育の専門家ではなかった。

このような組織の構成の背後には、歴史学の専門家が集い学問的な議論を戦わせれば自ずから教科書の内容は決まるはずだ、というあまりにも素朴な考えがあった。そもそも、この共同研究は、委員会で歴史のどの部分が検討され、どのように処理されるべきかは、具体的には何も決まっていなかった。私を含む委員はこの問題からまず取り組まざるを得ず、結局、与えられた期間の過半をこの研究以前の調整に費やすこととなった。

そしてこの調整では両国政府の対立がそのままの形で持ち込まれた。

議題をめぐる不毛な日韓対立

たとえば、第三分科会（近現代史）では、竹島をめぐる歴史を扱うべきか否かが議論された。両国間の主要な対立点である竹島問題を当然扱うべきとした日本側に対して、韓国側はこれを拒否し会議は紛糾した。

韓国側が拒否した理由は単純明解だった。韓国政府の公式見解によれば、竹島をめぐる領土紛争は存在しない、つまり議論の余地なく韓国の領土であるとされているのである。したがって存在しない問題を議論することはできない、というのである。

同様のケースは、私が参加した教科書小グループでも起こった。問題は、韓国の教科書を検討対象にするか否かだった。教科書の記述について検討するグループである以上、日韓両国の歴史教科書を等しく扱うべきだとする日本側に対して、韓国側は「歴史認識問題のなかで議論の対象となって来たのは、日本側の教科書の記述のあり方であり、問題になっていない韓国側の教科書を扱う必要はない」と言うのである。

この問題は結局、韓国側が譲歩し、日韓両国の教科書を扱うこととなるが、その後も対立は続くことになった。

組織構成の問題は委員会内部の各分科会の棲み分けについてもあった。

たとえば、第二回の全体会合で教科書記述に踏み込んで発言した第一分科会（古代史）の韓国委員に対して私が行った、「教科書問題は教科書小グループで議論するものである。だから混乱を避けるためにほかの部会で議論をしないで欲しい」といった発言について、第三回の全体会合で、韓国側の委員が問題として指摘したことがあった。

このようなおよそ学術的ではなく、生産的でない議論は、先述した大学内での問題で大きく消耗していた私にとって、大きな精神的負担であり、直後の二〇〇八年六月、私は委員としての「進退伺い」を提出した。教科書小グループでもすでに多くの問題が起こっており、できるならこの不毛な衝突を繰り返す委員会を早く辞めたい、それが偽らざる心境だった。結局「進退伺い」は却下され、私はその後も委員の一人としてこの共同研究の調整に携わることを余儀なくされた。

最後まで嚙み合わない議論

さて、共同研究で私の直接の担当は、教科書記述での「近代国際法の受容」についての論考執筆だった。そのために日韓両国の一九六〇年代頃からこの時点までの高校日本史／国史（韓国は自国史の教科をこう呼ぶ）の教科書を読み漁った。一九七三年に国定化された韓国の教科書とは異なり、日本では検定制の下、さまざまな出版社から多くの教科書が出版されてきた。できるだけ多くの教科書を読もうと、当時大阪市平野区にあった大阪府教科書センターで資料を集めた。一〇〇冊を超える教科書を読むだけで大変な作業だった。

調べてわかったことは、私の課題「近代国際法の受容」について日韓両国の歴史教科書が直接触れる部分は多くないことだった。だから最終的に報告書の一部として提出した論文は、歴史認識問題の枠組みを整理したうえで、両国の歴史教科書における近代史記述の違いについて分析を行い、その延長線上に国際法観の違いについて議論する形式でまとめた。

この一文は「日韓両国における歴史観と近代、そして近代的法秩序」という論文とし、後に提出されることになる。ともあれこの作業は歴史認識問題に関わる私自身の理解を整理する重要な機会となった。この蓄積が二〇一〇年代以降、一連の歴史認識問題をめぐる研究の基盤となる。

第二期日韓歴史共同研究への参加で実感したのは、日韓の研究者の歴史に対する姿勢の相違だった。

日本の研究者は、歴史学者が大半を占めたこともあり、歴史的事実に対して詳細かつ専門的に議論する一方で、その事実がいかに評価されるべきかについては、よく言えば無頓着、悪く言えば乱暴に議論する傾向があった。

対して韓国の研究者は、個々の歴史的事実の詳細よりも、それがどのように評価されるべきかについて、関心を向ける傾向が強く、歴史的事実の詳細については、時に無頓着、あるいは乱暴に対処することがあった。そして重要なのは、両国の歴史学者たちが自らの歴史研究の在り方こそが「唯一正しい」、つまりあるべき歴史学の姿だと固く信じているように見えたことだった。

こうして私は日韓歴史共同研究でも、新しい政治学が流入してきたと同じく、何が「正しい」学問であるかにこだわり、これにアイデンティティを見出す人々の間に置かれて疲弊することになった。ただ、粛々と研究を進めればいいのに、皆、どうして「正しい」学問が何であるかにこだわるのだろう、と思わざるを得なかった。

この第二期日韓共同歴史研究は、五回の合同全体会議、六〇回に及ぶ各分科会・グループの会合を経て二〇〇九年一一月に終了した。日韓の研究者の議論は最後までまったく嚙み合わず、二〇一〇年三月、両論併記の報告書だけが発表された。これもウェブ上で公開されている。

先述の政治学をめぐるおよそ快適とは言えない出来事と並行しこの研究に従事したこともあり、参与観察のつもりで快諾した第二期歴史共同研究は、当時の私にとってさらなる精神的負担となった。とはいえ、この共同研究にも表れた日韓両国の対立は、私のその後の研究に大きな発展を与えていくことになる。

3 韓国の自信――劇的な経済回復、日本モデルの終焉

二一世紀初頭、良好な日韓関係――女性たちの渡韓

さて、二〇一〇年まで進んだ時間を〇一年まで巻き戻すことにしよう。

よくも悪くも、国内外でさまざまな活動の機会を得た私だが、それは私が何かしら大きなことを成し遂げたからではなかった。背景にあったのは、二〇〇〇年代に入って日韓関係が

大きく動き出したことだった。だからこそ、日韓関係が学界やメディアなどで注目を集めるようになり、日本で韓国政治研究の末席にいた私にすら多少の出番が回って来たのである。

私が初めてメディアへ寄稿する機会を得たのが、一九九四年の金日成死去時だったことはすでに触れた。とはいえこの頃のメディアとの関係は、金日成死去のような突発事態を例外にすれば、韓国語教育や観光資源開発など地元社会との関係に限定され、それは神戸大学に移ってからも同様だった。時に地元紙の取材を受けることはあったが、やはり神戸との関係に限定されたものが大半だった。

また、研究上の論文以外の情報発信は、一九九五年に自作したホームページ上にコラムのようなもの（当時はブログという言葉はなかった）を書いたり、写真を貼る程度だった。

神戸大学に赴任してからしばらくは、研究論文も年に二本程度の執筆でのんびりしたものだった。それが日韓関係をめぐる状況変化によって、日本社会が韓国について関心を強く持つようになると、私をとりまく状況も大きく変わったのだ。

ただ、ここで注意しなければならないのは、二〇〇〇年代の当初、日韓関係や韓国への関心が、現在のものとは大きく異なっていたことだ。当時、日韓関係について日本社会にはまだ好意的な雰囲気があったからだ。

日韓歴史共同研究に関する部分で述べたように、共同研究の開始が合意された二〇〇一年は、日韓共催のサッカーW杯の前年であり、歴史教科書問題などでの対立こそあったものの、良好な関係を築きあげようとする強い機運が存在した。当然のことながら、私の周囲にも、その雰囲気は及んでいた。

「日韓パートナーシップ」という一時の夢

この時期を少し遡る一九九八年の小渕恵三と金大中による「日韓パートナーシップ宣言」は、このような当時の雰囲気の産物であり、具体的な友好関係の実現に向けた人々の動きもあった。しかしながら、当時の私はそこに現れたあまりにも楽観的な「未来志向的」な言葉を、歯が浮くような、白々しいものだと感じていた。日韓の間に横たわる歴史認識問題や領土問題が一朝一夕に解決するとは思えなかったからだ。

だが、少し裏を読んでこの宣言を、日韓両国政府が、潜在的な問題の深刻さを承知のうえで、これにあえて「臭いものに蓋をする」式に、意図的に見て見ぬふりをして、やりすごそうとしているなら、それはそれでうまいやり方かもしれない、と考えていた。事実、同じ時期に結ばれた「日韓漁業協定」で両国政府は、竹島問題を棚上げし、両国の間に「暫定水域」を設置して見せることに成功していた。小渕も金大中も食えない政治家だ。でも、政治的リーダーシップとは、あるいはこういうものなのかもしれない、と思っていた。

とはいえ、それは同時にアジア通貨危機直後の、つまり、韓国が経済的に大きな苦難のなかにあり、日本に強く領土問題や歴史認識問題で要求できないことがもたらした、一時的な状況であるかもしれなかった。だとすると、いったいこのような小春日和のような状態を、日韓両国はいつまで続けることができるのだろうか、そんなことを考えていた。

日本の韓国に対する認識も変わりつつあった。一九九七年から九八年にかけてアジア通貨危機の影響を受けて、一時は深刻な状態にあった韓国経済は、IMFによる構造調整の結果、急速な立ち直りを見せていった。もちろん、この過程での厳しい構造改革は、韓国の人々には大きな負担となり、その後の韓国社会の行方を大きく左右した。だが、少なくとも劇的な経済回復が世界の目を大きく引くものであったことに疑いはなかった。

日韓の経済認識――二〇〇一年当時

改革の過程で韓国通貨ウォンの価値が大きく下がり、韓国には以前にも増して多くの日本人観光客が押し寄せるようになった。注目されないが、韓国への日本人観光客の増減は、日本人の韓国への関心以上に、為替価値の変動による旅行費用の増減に大きく左右される。

この機会に韓国に渡航したのは、かつての妓生《キーセン》観光で中心を占めた男性たちではなく、女性たちだった。彼女らのお目当てはエステや化粧品、さらにはファッショングッズなどだった。すでに一九九〇年代前半以降、韓国への日本人観光客の圧倒的多数が女性によって占められる時代が到来していた。念のため、いまだ韓流ブーム以前の話である。

私がメディアで情報発信の機会を頻繁に得るようになるのは、このような状況からだった。強く記憶に残っているのは二〇〇一年春、『ニューズウィーク日本版』誌からの電話取材だった。同誌はバブル景気真っ盛りの一九八六年、アメリカでの本誌の外国語版として立ち上げられた。たとえ日本版だったとはいえ、在米時に街角のキオスクで購読した伝統ある媒体からの取材に、三五歳の小さな自尊心がくすぐられなかったかと言えば嘘になる。

取材のポイントは主として二点、なぜアジア通貨危機で苦境にあった韓国が早期に経済回復に成功したのか、そして、なぜにいま、多くの日本人が韓国に押しかけているのか、というものだった。私なりにいろいろ答えたはずだが、二〇年も前の話であり詳細は覚えていない。ともあれ、同誌に掲載されたのは次の部分だった。

「日本人は、このように劇的に変化する韓国を、一面では『妬み』ながらも、他面ではそれを理解できずにいる。今日再び経済的苦境に苦しむ、『変革した韓国』と、『変わらない日本』。日本という『タイタニック』は、一度沈んで浮かび上がった韓国という『小船』を前に、ゆっくりと沈みつつあるのかもしれない」。映画『タイタニック』の世界的なヒットからまもない時期であり、その場面にたとえて私の理解を伝えたことになる。

さて、このコメントから当時の私の日本と韓国に対する認識を見てみよう。

一つは、同じくアジア通貨危機を経験した日韓両国の行方が分かれつつある、という認識だ。打撃そのものは日本より韓国の方がはるかに大きかったが、韓国がその結果として、自らの社会の在り方を大きく変えて経済成長路線へと回帰したのに対し、日本では深刻な金融危機にもかかわらずこれに匹敵する大規模な改革は行われず、さらなる長期低迷へと落ち込んでいった。その結果はこの二〇〇一年頃には明白になり、急速に経済回復を進める韓国を一部の日本人が驚き、羨む状況が生まれていた。

もう一つは、この時点で日韓両国の間にはまだ大きな国力差があるという前提で、私がいまだ話していることである。そしてそれには理由があった。

日本モデルの失墜

次ページの3―3は私が留学した国々のPPPベース、つまり物価水準を調整した一人当たりのGDP値を、やはり私が各国に留学した年ごとに比べてみたものである。簡単に言えば私が留学先で体験した生活水準の違いと、変化がそこに現れていることになる。たとえば、一九九八年アジア通貨危機時点で韓国の数値は日本の約二分の一。つまり、韓国人の平均的な生活水準は依然、経済的には日本の半分程度だった。

3−3　各国の経済水準推移

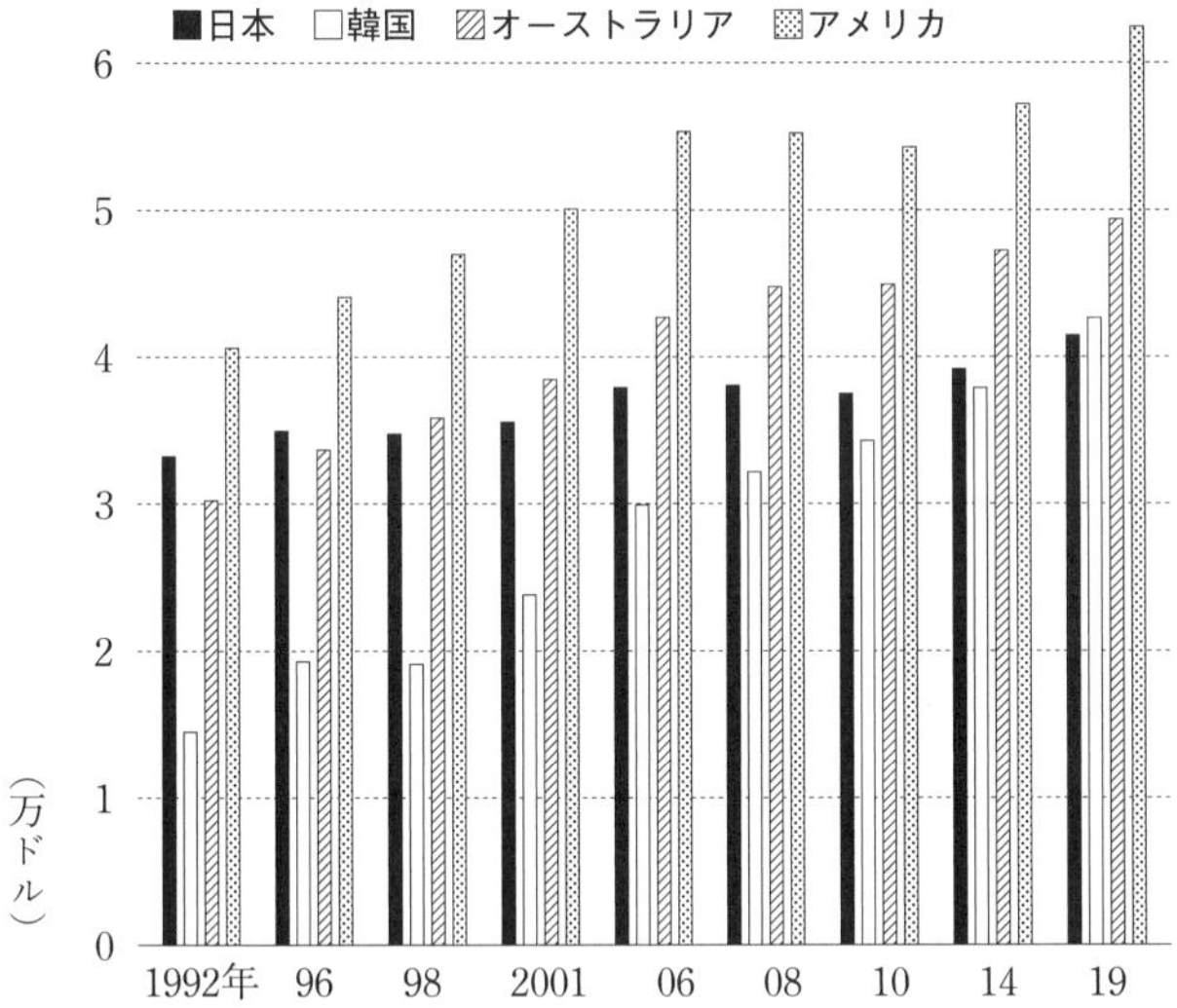

出典：World Development Indicators より筆者作成

だからこそ、この頃の私はメディアなどのコメントや論文執筆に際し、依然として大きかった日韓の経済的水準の格差を前提にしているのである。

とはいえ、グラフでも明らかなように、日韓両国の経済的水準の格差は、その後、急速に詰まっていった。そして、このような違いをもたらした一因はアジア通貨危機に伴う金融危機にもかかわらず、日本が大きな改革を行わなかったのに対し、韓国では、大規模な構造調整が行われたことにあった。

この時期の韓国の大規模な改革と方向転換は、日韓関係にも大きな影響を与えることになる。アジア通貨危機以前、韓国の最重要な発展モデルは日本だった。だからこそ韓国では、時に日本の制度にほとんど修正を加えず、そのままの形で導入することすらあった。そのことは一九八〇年代、バブル景気のなか「二一世紀は日本の時代である」と叫ばれた時期に顕著であり、多くの韓国人が日本へ留学生として、あるいは日本企業への出向者として、何かしらを学ぼうとした。

しかし、二一世紀初頭に入ると、韓国が目指すべき最重要な発展モデルの地位から日本は滑り落ちた。とりわけ重要だったのは、政府が特定の企業を支援して経済を発展させる日本モデルが、グローバル化する社会では時代遅れと見なされるようになったことだ。

過去の植民地支配から、日本への複雑な思いを抱く韓国の人々であるが、それでもアジア通貨危機以前は、自由で民主主義的な体制の下、自らよりはるかに高い生活水準を謳歌する日本は、彼らが目指すべき一つの未来の姿だった。東西冷戦の最前線に位置する分断国家で、度重なる軍事クーデタにより樹立された権威主義体制の支配下で苦しんできた彼らにとって、豊かで自由な日本人の姿は羨むべきものとして映っていた。

しかし、アジア通貨危機を契機に、韓国でこの理解は急速に失われていくことになる。依然として、古い護送船団方式的なシステムを維持しようとする日本は、韓国の失敗した過去であり、危機にもかかわらず変わることができないその姿は、むしろ見習うべきでない失敗事例と映るようになる。

激変していた韓国――二〇〇一年の夏の経験

こうした私の理解を大きく強化させたのが、先にも述べた二〇〇一年夏、高麗大学亜細亜研究所における三ヵ月間の留学経験だった。伝統ある高麗大学の宿舎は、海外からの教員用に作られた新しく綺麗な建物だった。韓国に長期滞在したのは一九九六年以来であり、研究対象である韓国について、まとめて調査し研究の立て直しを行おうと思っていた。だから短い期間ではあったが、できるだけ多くの場所を回り、多くの人々と話すことを心掛けた。

この滞在で印象付けられたのは、一九九二年や九六年の留学時に見たものとは異なる韓国の姿だった。

たとえば通信環境である。一九九六年に私が滞在したソウル市内東崇洞にあった国際会館の宿舎の部屋には、インターネットの回線はおろか、直通の電話線すら通っていなかった。宿舎の外に電話をかける際には公衆電話を使わなければならなかったし、逆に受ける際には、窓口の人に部屋へ繋いでもらわなければならなかった。

窓口の人が「キムラ」という私の姓を「キム（Kim）とウラ（Ura）」に分解して聞き取り、「キム・ウラという人間はここにはいない」と電話を切ってしまう、という笑い話のようなことが頻繁に起こって苦労したのはこのときのことだった。携帯電話は普及し始めていたが大半はいまだアナログのサービスであり、これを利用してネットワークに繋ぐためには「音響カプラー」なる代物を使う以外に選択肢はなかった。そして仮に繋げたとしても、その通信速度は絶望的に遅かった。

しかし、二〇〇一年の高麗大学とその宿舎の通信環境は異次元の世界だった。滞在中に与えられた研究室の一角に、光ファイバーのケーブルが来ていたのは当然だとしても、宿舎の一室にも光ファイバーのケーブルがあり、なぜかルーターまでが置かれていたからだ。日本では、この二〇〇一年が「ブロードバンド元年」などと呼ばれていたが、普及し始めたのは、光ファイバーではなく、電話線を介したADSLであり、その料金も決して安くはなかった。

私は窓口となってくれた高麗大学の友人に、「光ファイバーが来ているが、この料金はどれくらい払わないといけないのか」と恐る恐る聞き、「どうして大学の宿舎からネットワークにアクセスするのに料金を払うのか」と言う返答に、さらに驚かされた。

もちろん、この一九九六年と二〇〇一年の経験の違いは、私自身の社会的地位の変化と、それによる先方の扱いの違いによる所も大きかっただろう。しかし、それを差し引いても、この五年間の韓国社会の大きな変化を感じざるを得なかった。

韓国はＩＭＦの指導下、グローバル化に適応するべく大胆な経済的社会的改革を行い、それはソウルの街並みすら変えていた。大きな看板を掲げていた老舗金融機関は外資に買収・合併され、見知らぬ名前になっていた。

グローバル化に合わせた改革では、会社を命名するセンスも変わるのだと実感させられたのは、「グッドモーニング証券」という看板を見かけたときだった。なぜ「グッドモーニング」なのかはわからなかったが、それがかつての「双竜投資証券」だと気づくまでにはかなりの時間が必要だった。日本と類似した漢字二文字の社名が減少して行った時代、同じ現象は子どもの命名にも見られた。ハングルでしか表記できない「ハヌル」や「アルム」といった名前が、多くの子どもにつけられるようになったのもこの頃だ。

ともあれ、実感したのは、グローバル化への適応を目指す韓国が、急速に日本と異なる社会になりつつあること、そしてかつてはモデルだった日本の存在感が、この社会において急速に失われていることに他ならなかった。

だからこそ、この頃の私は、日韓関係の将来を楽観する論調が主流を占める当時の日本の状況に大きな違和感を持つようになっていった。韓国が次第に日本から目を背《そむ》けつつあるなか、本当に日韓関係は人々が望むような良好な方向へと向かうのだろうか、と。

両国政府、メディアは友好ムードを醸成するが……

高麗大学での三ヵ月の短い留学から帰国した翌二〇〇二年は、日韓共催サッカーW杯の年だった。この共催は、日韓両国が単独での開催を目指して争った挙句、FIFAによる妥協策として提案され、結果、一九九六年に決定したものだった。当初は日韓両国のサッカー協会の間にはギクシャクした雰囲気が存在したが、二〇〇二年までには関係は大きく改善し、五輪に次ぐ大きな世界的スポーツ大会の成功へと向けて協力することとなっていた。

日韓両国政府やメディアも、W杯共催の機会を、領土問題や歴史認識問題を抱える両国の関係を改善する機会として捉え、関係強化のためのさまざまな試みが行われた。先述した日韓歴史共同研究もその一つだった。

しかしながら、そのような両国政府やメディアの動きは、私にはずいぶん上滑りしているように見えた。たしかに、表面的には日韓両国の間に、友好な雰囲気が作り出されつつあるのは事実だった。しかし、前年に見た韓国の姿からそれが今後も長く、そして深く続くとは思えなかった。

そのようなとき、私にこの問題を真剣に考える機会をくれたのが、朝日新聞社の波佐場清記者による取材だった。『朝日新聞』の企画は、日韓両国から一名ずつの論者を選んで、日韓共催サッカーW杯がもたらす影響と今後の日韓関係への展望を紙面上で語らせる、というものだった。韓国側で同じ企画の取材に応じたのは『東亜日報』の大物記者金忠植さんだった。当時三五歳の無名の私を起用する背景には、過去にとらわれない若い人に新鮮な視点からの意見を語らせてみよう、というこの新聞社らしい考え方があっただろう。

そのまた背後には次のような理解があっただろう。当時の日韓関係については、その明るい展望を語る「定型文」があった。それは、日韓には暗い過去をめぐる対立があるが、それは過去の歴史を引きずる古い世代がいるからだ。だが、植民地支配を経験した古い人たちが退場すれば、両国の関係をフラットに見る環境が作り出される。グローバル化の進むなか、日韓の社会的交流も急速に増加している。そのようななか、過去にこだわらない若い人たちが、お互いを知る機会が増えれば、新たな友好関係は、自然に生まれるに違いない、といったものである。

とはいえ、前年に韓国留学した私はそれとはまったく違った感覚を持っていた。かつてに比べ韓国の人たちが日本への関心を失っていることは明らかであり、何より、日韓両国の若い人たちの互いへの関心が、必ずしも古い世代よりも客観的だとも思えなかった。個人的な経験に基づく、肌感覚での認識と言えばそれまでだが、互いへの理解が、研究者の間でも若い人たちの間でも、広まっているようにも見えなかった。

特別な関係が終わろうとしている

日韓共催サッカーW杯を前にして、今後の日韓関係はどうなると思うか——。この質問に対して、当時の私は、「ほかにあまり例を見ないほど密接な関係にある。そのことをまず、しっかりと認識すべきだ」と前置きしたうえで次のように述べた。

日韓関係は一つのターニングポイントにある。少なくとも経済関係では、互いに米国に次いで重要な国だったのが、近いうちに中国に取って代わられる。今回のW杯で韓国が、中国代表の試合会場が韓国となるよう働きかけ、中国から観客を呼びたいと言っているのは、決定的なメッセージだ。中国に限らずアジア諸国の経済発展が進めば、その分、先発の日韓の地位は相対的に下がり、互いにとっての重要性も減っていく。韓国人の日本離れは進んでいる。日韓関係はいまがピークかもしれない。

（『朝日新聞』二〇〇二年五月八日）

明るい展望を語る「定型文」の期待に反した私の発言に、「ずいぶん戸惑いましたよ」と波佐場記者が話してくれたのは、一〇年以上後のことである。この大きな写真入りの記事は、その後、英語版にも掲載されたから、それなりに注目を浴びたのだと思う。

振り返れば、このインタビューは私が、日本の大手全国紙で自らの見解を披露する初めての機会だった。にもかかわらず、取材側の期待を大きく裏切るこの内容は、大胆というより、むしろ無謀だった。とはいえ、私はこのときまでに肌感覚的な認識を支える根拠も見出していた。そこにはある程度の、データの裏付けと、それを支える理論的理解が存在したのだ。

アジア通貨危機以降、韓国における日本の存在感は明らかに低下している。ソウルの町並みではかつては圧倒的だった日本人観光客の存在感が中国人をはじめとする他国からの観光客に押されるようになっている。韓国の大学でも、中国人留学生が急激に増えている。かつてはソウルの少し大きな書店でなら当然のように置いてあった、日本から輸入された『an・an』『家庭画報』などの日本語のファッション雑誌や女性雑誌は姿を消しつつあり、日本について書かれた韓国語の書籍も急速に数を減らしていた。

代わって台頭していたのは中国なのか——。たしかに、中国からの観光客や留学生は増え、存在感は急速に増していた。しかし、それが中国のみにとどまる話かと言えばそうではなかった。

たとえば、日本語の書籍の後に置かれたのは、中国語ではなく英語の書籍だった。研究や大学交流の仕事でも、韓国で英語を使うことがこの頃から増え、韓国語と日本語との間での通訳を交えたコミュニケーションの機会は少なくなっていた。ましてや両国間の交流で韓国側だけが一方的に日本語を話すことなど例外的になりつつあった。

交流の基本は英語であり、参加者がある程度の英語を話せることが、韓国との交流でも前提になりつつあった。英語で行われるからこそ、交流や会議の参加者は、特定の国の人々にとどまらず、通訳も不要になった。その方が余分なお金もかからないし、直接のコミュニケーションになるため、理解の齟齬も少なくなる。私の韓国での活動でも、韓国語ではなく英語を使う場面が多くなった。五百旗頭先生らのアドバイスに従って、アメリカに行っておいてよかった。そう思うことも多くなっていった。

旧植民地と旧宗主国の対立の最前線

私はこうした変わりつつある日韓関係から次のように考えた。

冷戦期、貧しかった韓国にとって日本は、かつて自らを支配した憎むべき存在であると同時に、韓国の経済や安全保障を背後から支えるアメリカと並ぶ巨大で重要な存在だった。しかし、冷戦が終わり、韓国が力を付けると必然的に日本への依存度は小さくなる。二〇〇〇年の段階で韓国のＧＤＰ規模は世界一二位まで回復している。ロシアやインドよりも大きくなっていた。

日本への依存度の低下は、グローバル化が進むとさらに大きく加速される。グローバル化とはその言葉の定義上、さまざまな取引や交流が世界規模で拡大することであり、地理的近接性が持つ意味は失われていくことになる。

だから仮に韓国がこれからもグローバル化への適応を進めていけば、韓国の日本への依存度はさらに小さくなる。韓国の人々は潜在的に歴史認識問題や領土問題で、日本に不満を持っている。それがこれまで顕在化しなかったのは、韓国の政治家や財界人、さらには言論人などが日韓関係への影響を懸念し、意図的にこれを抑えて来たからだ。しかし、日本の重要性が薄れるなら統制は緩むことにならざるを得ない。

歴史認識問題や領土問題が未解決なままであり、誰も世論を統制しなければ、当然、一定の頻度で問題が噴出することになる。だとすれば今後、日韓関係は必ず悪化することになる。日韓共催サッカーW杯が行われるこの二〇〇二年の状態はそこに至るまでの束の間の小春日和に過ぎず、楽観的な将来像を描くのは間違いなのではないか。

明治維新後、日清・日露戦争に勝利した日本は、東アジアの地域大国として長らく君臨してきた。だからこそわれわれは漠然と、アジアの周辺国が日本との関係を重要視するのは当たり前と考えてきた。

しかし、かつての発展途上国が目覚ましい成長を遂げて力を付け、グローバル化が進行すれば、世界のパワーバランスは大きく変わる。それは結局、長らくこの世界で大きな影響力を維持してきた、かつての列強の流れを汲む国々が、影響力を失うことを意味している。そして、かつての発展途上国のなかで、先頭に位置するのが韓国である。

先述したように一九九六年にＯＥＣＤに加入した韓国は、アジア通貨危機後の構造改革により、さらに力を付けつつある。他方、日本は長期低迷のなかにあり、国力差は次第になくなっている。だとすれば、日本と韓国の関係は、かつて宗主国として君臨した国が、同等に近い力を付けたかつての植民地と向かい合う、変わりつつある世界の最前線になるのかもしれない。こうしてかつて植民地や半植民地であった国々が、かつて宗主国であった国々に要求をつきつけ、新たなる国際秩序を模索する、そんな時代がやってくるのかもしれない。そこではダイナミックな国際社会の変化がみられるはずだ。日韓関係こそがこの大きな国際社会の変化の最前線の一つになるのかもしれない。ならば研究者としてそこで何が起こり、この世界がどう変わっていくかを見届けたい。

こうして日韓共催サッカーＷ杯を前後する時期、私の問題関心は大きく変わることになった。

新しい理解を世に問う機会も訪れた。集英社から新書執筆の誘いを頂いたからだ。二〇〇四年に初めて一般読者に向けた『朝鮮半島をどう見るか』を刊行した。三〇代後半、少し背伸びしながら書いた作品だったものの、私にしては力作だと思っている。

韓国政治研究者にとっての北朝鮮

二〇〇二年、日韓共催サッカーW杯をめぐって、いまだ日韓両国が良好な関係を維持していた頃、日本メディアを騒がせたのは、北朝鮮をめぐる問題だった。きっかけは、サッカーW杯が終わって約三ヵ月後の小泉純一郎の訪朝と北朝鮮政府による日本人拉致「告白」だった。拉致問題の浮上により、日本国内では北朝鮮への大きな反感が広がった。

とはいえ、小泉訪朝では、必ずしも当初から拉致問題が注目されていたわけではない。小泉訪朝時の雰囲気は、金正日によって拉致告白が行われるまでは、のんびりしたものだった。当時は二〇〇〇年六月に、金大中と金正日の間での初の南北首脳会談が行われた余韻が残っており、黄海上での両国の軍事衝突などあったものの、北朝鮮をめぐる状況を依然楽観視する人が多かった。

韓国政治を専門とする私には実は北朝鮮は遠い存在である。しかしながら漠然とした考えもあった。私は南北首脳会談により即座に統一が実現されるとは夢にも思っていなかったし、当時の韓国大統領の金大中が唱えていた国家連合から連邦制を経て、完全な統一へと至る三段階統一論についても、名目上は統一を掲げながらも、それを巧妙に先延ばしする、政治的なレトリックにしか過ぎないと思っていた。

当初の小泉訪朝の焦点は、会談を経て日朝両国が国交正常化に向けた交渉にいかにして踏み出すかであり、そこで何か大きな出来事が起こるとは考えていなかった。たとえば、首脳会談で衝撃の拉致告白が行われる日の午前中、私は首脳会談に合わせて平壌に飛んだ旧知の新聞記者とメールのやり取りをしている。特段の必要があったからではなく、単に通信環境が不安な平壌からでも問題なくメールが送受信できるかを、知りたかったからである。ついでに「何かあったら教えてくれ」と頼んだのを覚えている。

連絡は午後には途切れ、やがて研究室のラジオ――まだインターネット発のニュースよりテレビやラジオの方が、情報は早かった――が突然、北朝鮮が発表した拉致「死亡者」の氏名を読み上げた。大変なことになったと思ったものの、私に何か特別な情報があるわけでもなく、何よりも人命に関わる問題である。すぐに自宅に電話して妻に「今日の首脳会談についての取材の申し込みがあっても断ってくれ」と伝えた。何も言えることはなく、勢いで不用意な発言をして、関係者を傷つけてしまうことが怖かった。

北朝鮮に対してはその後、拉致被害者の帰国があり、やがて日本政府による経済制裁が開始された。ただ経済制裁の効果には懐疑的だった。ナポレオンによる大陸封鎖以来、国際社会で経済的圧力のみで他国を屈服させることは難しいことはよく知られており、まして国際社会全体でなく一部の国のみによる経済制裁では、抜け道が多いことは明らかだったからだ。

この出来事で学んだのは、自分の専門分野を守ることの重要性だった。韓国と北朝鮮は別の国であり、私は北朝鮮そのものは研究していない。研究の手法も、政策決定者など当事者に話を聞ける韓国とは違い、閉ざされた北朝鮮に対する研究では、政府が発行する新聞の一字一句を細かく分析するなどまったく異なる方法が用いられている。

だからメディアから北朝鮮について訊かれても、研究者としてオリジナリティのある見解があるはずもなかった。あるとき、私が執筆したコラムに、若い北朝鮮研究者から強い抗議の連絡を受けた。私が彼の意見を盗用していると言うのだ。参考にしたのは事実だったが、なぜ参考にしてはいけないのか、と思ったものの、彼の言う通りかもしれない、と考え直した。メディアでの発信を希望する若い研究者からすれば、彼らの意見を参考にして私が同じ内容の情報を発信すれば、彼らが直接意見を発信する機会は失われる。自分がしゃしゃり出る必要はないし、専門家である彼らに積極的に機会を回していくべきだ。

この時期の北朝鮮をめぐる状況は、私にとっては、自らのメディアなどでの発信の在り方、さらには、私が何の専門家であり、何をすべきかを自問するきっかけともなった。

第4章　日本の停滞、韓国の興隆——2000年代の光と影

1　韓流ブームと嫌韓現象——日本社会が変わった

韓流ブームの喧噪——求められる「ヨン様」の解説

日韓関係はこの後、悪化していくに違いない。しかしこの時点では私の日韓関係に対する懸念は杞憂にも思えた。日韓共催サッカーW杯の翌二〇〇三年、韓国のテレビドラマ「冬のソナタ」が四月からNHK BS2で、翌年四月からはNHK地上波でも放映されると、いわゆる「冬ソナブーム」「ヨン様ブーム」が到来することになったからだ。

「冬のソナタ」の人気は、他の韓国ドラマや映画にも飛び火し、いわゆる「韓流現象」が出現した。ブームの中心となったのは、主として四〇代以上の女性であった。しかしこの突然の韓流ブームの到来に私はかなり戸惑っていた。当時の私にはなぜ多くの日本人女性が韓国

ドラマに熱狂しているのか、あまり理解できなかったからだ。

何度も韓国に滞在している私には、人々が熱狂している韓国ドラマは特段目新しいものに見えなかった。ブームの主役ペ・ヨンジュンは、この時点で三一歳。彼は一九九六年のドラマ「初恋」でブレークした俳優であり、この時点で新鮮さを感じる存在ではなかった（ちなみに韓国のタレントや歌手の名前が漢字併記でなくなったのもこの頃からだ）。

正直に言えば、私は韓国のドラマにはあまり関心がなかったし、面白いとも思っていなかった。日本でもテレビドラマをあまり見ない私にとって、韓国映画はともかく韓国ドラマは関心外であり、ましてや恋愛ドラマには興味がなかった。韓国の恋愛ドラマは、人間関係の描写がきわめてディープで、見ていて疲れるとすら思っていた。一言で言うなら、関心がないだけでなく、偏見すら持っていた。

しかし、突然の韓流ブームの到来は、私の環境を大きく変えた。依頼される各地の講演で、「冬のソナタ」を始めとする韓国ドラマの内容について、たとえば、「ヨン様が高校生役を演じている時代の韓国はどうなっていたのか」「どうして皆、日本と同じような制服を着ているのか」といった質問を受けることが多くなったからだ。当初は、対応しようとDVDをレンタルし、次々と流行する韓国ドラマを追いかけたが、やがて大量の放映に物理的についていくことができなくなった。

関連したメディアからの取材も増えた。鮮明に覚えているのは、二〇〇四年一一月にペ・ヨンジュンが日本への二回目の「公式訪問」を果たしたときである。何を間違ったかフランスの通信社ＡＦＰから突然、研究室に電話がかかって来たのである。「ペ氏がいま、成田空港に到着し、三〇〇〇人のファンが詰めかけているのだがどう思うか」と聞かれたのだが、当然のことながら何も思い浮かばず、苦し紛れに「ウェルカム・トゥ・ジャパン」と言うのが精一杯だった。

同じ年の四月にはＮＨＫに呼ばれて、韓国国会議員選挙の解説をする予定があった。しかし、当時進行中だったイラク戦争の余波でキャンセルになり、そのお詫びという名目で、なにゆえかＮＨＫ訪問時の「ヨン様」の生写真が大量に研究室に送られて来た。大学で教職員の方々に見せたところ、あっという間に一枚もなくなった。それくらい人気があったという話である。

忍び寄るインターネットの時代

この頃の状況の大きな変化は、私の研究者としての在り方にも影響を与えた。

かつて私が学生だった頃は、韓国の情報を得るためには、さまざまな伝手《つて》を頼って語学を習得し、留学し、あるいはパソコン通信などのサークルを通じるなど、それなりの努力が必要だった。しかし、韓流ブームを境に、日本国内に大量の韓国からの情報があふれることとなった。

先述したように、インターネットがようやく本格的に普及する時代である。すでに二〇〇〇年に韓国の三大紙の一つ『朝鮮日報』が日本語サイトを開設していた。ペ・ヨンジュンが日本を二回にわたって「公式訪問」した二〇〇四年六月には、このサイトの訪問者は一ヵ月当たり九〇万人に達している。韓国語や英語ができない日本人にも、限られた範囲ではあるにせよ、政治・経済・国際関係だけでなく、スポーツや芸能に関わる韓国の日々のニュースにも直接接することが可能な状況が生まれていった。

このような状況は、われわれ研究者の立ち位置にも影響を与えた。人々がインターネットを通じて、直接情報を集められる以上、単に韓国の事情をそのまま伝えるだけでは、研究者としての仕事の意味はなくなってしまうからだ。

とはいえ、インターネットの普及は人々の韓国に対する認識における両刃の剣でもあった。なぜなら、そこには人々が自らの期待する情報のみを好んで閲覧する「選択的バイアス」が働きやすい環境が存在するからだ。だからこそ逆に膨大な情報のなかで人々が、その方向性を見失う危険も存在した。研究者が韓国の情報を伝えるだけではなく、それがどういう意味や重要性を持ち、その背景に何があるのかについて、多くの人々により理解しやすく解説する必要が生まれている、と考えることになった。そのようななか、今度は日韓関係を軋《きし》ませるインターネット発の荒波が迫っていた。

嫌韓現象の席巻

二〇〇五年を前後する時期、私はいろいろな部分で岐路に立っていた。研究成果はそれなりに評価を受け、メディアに出る機会も増えた。先述したような事情から、大学や学界の人間関係は、私にとってはつねに頭痛の種であり、大きな精神的な負担となっていたが、それでも客観的に見れば、仕事がうまく回っていることは頭ではわかっていた。

しかし、この時期、大学や学界での人間関係と並んで、私の人生をずっと悩ませることになる問題がもう一つ起こる。二〇〇五年に本格化する「嫌韓現象」の顕在化だ。

この嫌韓現象が起こった理由については、さまざまな議論がありここでは詳述しない。明らかなことは、嫌韓現象の名前の由来ともなった山野車輪『マンガ嫌韓流』がこの年にヒットしたことであり、この作品がこの時点では、先立つ韓流ブームへのアンチテーゼとして位置付けられていたことである。

嫌韓現象が注目され始めた当初、私はこれがその後、大きな流れとなるとは思っていなかった。なぜなら、嫌韓現象の議論や題材、さらには言葉遣いは、すでにずいぶん以前から2

ちゃんねるを始めとするインターネット上の掲示板サイトで使い古されて来たものだったからだ。幸か不幸か、パソコン通信の時代からネットと多少なりとも関わっていた私には、嫌韓現象で見られた言説のなかに、目新しいものは何も存在しないようにしか思えなかった。ネットのなかには韓国を嫌い、揶揄する人たちは、それ以前からずっとたくさんいた。しかし、それまで彼らは大きな力を持たなかったから、明らかにその延長線上にあった嫌韓現象についても、たいしたものにはなるまいと考えていた。

今日から見ればそれは大きな間違いだった。最大の理由は、当時の私の視野に自らが専門的な研究の対象としていない変化が入っていなかったからだ。先述したように、韓国社会の変化については、私なりに固有の理解を持ち、それを説明する枠組みも持っていた。しかし、日本社会の動向については、この段階までは大きな注意を払っていなかった。専門が韓国政治研究である以上、当然かもしれないが、そこに大きな弱点があったことは間違いない。

さらに私は次のように考えていた。たとえば、貿易における韓国での日本のシェアは、急速かつ一貫して減少している。だから韓国の人々が次第に日本や日韓関係の重要性を見失っていくのは、ある程度当然の結果である。しかし同じ貿易における日本での韓国のシェアは、日韓両国の経済成長の格差もあり、この間ほとんど変わっていない。つまり同じ理屈で考えるならば、日本の韓国への姿勢が大きく変わる理由はないと。

しかし、現実はこのような予測とは異なった。二〇〇三年の爆発的な韓流ブームと、〇五年以降の嫌韓現象の高揚は、韓国に対する日本社会の関心の顕著な高まりを意味していたからだった。

だからこそ、その後ずっと考えていた。なぜ日本社会はこんなにも韓国に気を向けるようになったのか、この韓流ブームと嫌韓現象という正反対に見える現象には、実は大きな共通点があるのではないかと。

韓流ブームと嫌韓現象の本質

嫌韓現象の特徴の一つは、そこに『朝鮮日報』日本語版を始めとする「ソース」（情報源）が存在し、これに韓国に対して否定的な認識を持つ人々が批判的に反応し事態が「盛り上がって」いくことだった。この傾向は歴史認識に関わる問題で特に顕著だったが、韓国の人々の歴史認識や日本への否定的な感情は何もこの時期に突然始まったことではない。しかし、韓国メディアが時に興味本位で雑な認識に基づく対日報道をするのも昔からのことだ。しかし、なぜいまになって突然、日本人はそれらに憤るようになったのか。

そうして気づいたのは、韓国の状況が、韓国政治研究者の私には当たり前であっても、多くの日本人には新鮮に映っているらしい、ということだった。

インターネットの普及を始めとする情報社会の進展で、それまでは韓国語を学び、新聞を購入するなどしなければ触れられなかった情報を、多くの人々が容易に入手できるようになった。それらの情報は多くの日本人にとっては、それまでアクセスが不可能に近かったものがアクセス可能になったという意味で「新しい」のだ。だからこそ、彼らはそれらについて熱心に議論した。一見正反対に見える韓流ブームと嫌韓現象は、こうしてこれまで触れられなかった情報に、一般の人たちが触れられるようになって生じた同根の現象なのだ。

同様の現象は研究者の間でも見られた。この頃、ある研究会で年輩の先生から、『朝鮮日報』の記事を〔日本語版で〕読んだけど、あれはいったいどういう新聞なのかね」と訊かれたことがある。質問の意味がわかりかねて訊き直したところ、「日本に対してとても批判的で、普通の新聞だとは思えない。だから何か特殊な新聞なのかと思って聞いている」と言うのだ。

多くの研究業績を持つ人々の目にも、そう映るのか——。私には多くの日本人がこれまで、それほどまでに韓国を知らなかったこと自体が、逆に、新鮮に映っていた。

韓流ブーム、嫌韓現象が高揚したこの時期、日本国内では韓国に関わる情報が急速に、そして一挙に増えた。このことにより、多くの日本人が何かしら大きな出来事が韓国で起こっているかのように錯覚したのだ。

たとえば、それは当時の盧武鉉政権への理解にも現れた。盧武鉉は、とりわけ二〇〇五年の「竹島の日」をめぐる問題が起きた後、領土問題や歴史認識問題で、日本に強硬な姿勢を取った。しかし、それが歴代の韓国政権と比べて突出したものだったかと言えば、必ずしもそうとは言えなかった。なぜなら初代李承晩以降の韓国の歴代大統領は程度の差こそあれ、領土問題や歴史認識問題について、一貫して日本を批判する立場にあったからだ。だが、多くの日本人は、その事実をきちんと認識できていなかった。

ネットによるバイアス、ステレオタイプ化

韓国メディアもこの状況を自らのビジネスのために利用した。

『朝鮮日報』『中央日報』『東亜日報』を始めとする大手メディアの日本語版記事は、実は韓国で掲載された新聞記事をすべてそのまま機械的に翻訳したものではない。あくまで日本語版の読者が関心を持ちそうな記事を選んで訳したものだ。その傾向は各社の日本語版が立ち上がってまもないこの時期、特に顕著だった。

当時、日本語版読者が好んで読みそうな記事は、大きく二つに分類できた。

一つは韓流ブームに関わる記事であり、ペ・ヨンジュンを始めとする韓国人タレントの動向や最新のドラマや映画の情報が積極的に翻訳された。もう一つは領土問題や歴史認識問題、

さらには北朝鮮との関係の記事だった。

実のところ日本人読者の関心をより集めたのは、後者の方だった。だからこそ、韓国メディアは多くの記事のなかから日韓関係に関わる、しかも時に過激なメッセージを持つ記事を積極的に日本語版に掲載した。韓国各紙の計算通り、日本人読者はこれに「また韓国が日本を批判している」として飛びついた。

当時、ソウルで会った韓国のある新聞のオンライン版開発者は、この状況に対して私に「嫌韓現象のおかげで日本語版は想定以上の業績を収めている」と嬉しそうに話してくれた。インターネットの普及が日本に先駆けて進んだ韓国では、すでに「紙」の新聞は斜陽産業になっていた。このようななか、インターネットを通して熱心な読者が付く日本語版は、彼らにとって貴重な収入源にまで成長していた。

だが当然、そこには副作用があった。インターネットを介した情報の収集には強固な「選択バイアス」が働くからだ。日本語サイトを介した韓国からの膨大な情報流入は、人々がますます自らの偏見を強化することに繋がった。こうして日本の韓国への見方は、この時期、急速にステレオタイプ化した。韓国に好印象を持つ人々は、これを確認するための情報を探し、韓国に悪印象を持つ人々は、批判を正当化する材料を追い求める。そんな時代となっていた。

まもなくこのような状況は、マスメディアの報道にも反映されていく。厄介だったのは、「情報番組」と名前を変えたかつての日本のワイドショーの流れをひくテレビ番組だった。情報番組の多くでは企画の当初から議論の方向性が設定され、出演者には時に、各々の立ち位置に沿った「ポジショントーク」をすることが求められている。たとえば、日韓両国政府の立場に近い論者が、あたかもその代理戦争を行うかのように鋭く対立して見せる番組がその典型だ。そこでは、多くの視聴者が日本側の立場を取る論者が相手を「論破」することを期待する。こうして、嫌韓現象は韓流ブームと同じくエンターテインメント化されることになった。

情報番組への出演と脅迫

そのようななか私のような地方大学の教員にも時折り情報番組への出演を求める依頼が来るようになった。とはいえ、依頼を受ける多くの番組は、韓国や日韓関係について一定の傾きを持った視角から企画を組んでおり、時に著しくバランスを欠いているように見えた。

それらの番組が、私に期待していたのは、日韓関係や韓国政治について専門的な立場から説明することではなく、企画されたストーリーに沿って、それを裏付ける話をすることだった。

たとえばそこで期待された説明は、韓国の人々がいかに強い反日意識を持ち、それを韓国の政治家が自らの利益のために利用しているか、という類のものだった。しかし、後に詳しく説明するように、実際の韓国の状況はそれほど単純なものではなく、私はその期待に応えることはできなかった。すると時に、番組関係者は露骨に困惑した表情を見せた。

番組本番ではこんなこともあった。昼間の情報番組で韓国情勢の説明のために出演した私は、なぜ盧武鉉政権が領土問題で強硬な姿勢を見せるのかについて、ひとしきり説明した。そうすると、あるタレントがこう言った。「私は韓国のやり方が納得できません。先生もそう思いませんか」。「知らんがな」――という言葉が出かけてあわてて口を噤《つぐ》んだ。感想を求める気持ちはわからないでもないが、同調を求められても困る。私は研究者として韓国政治の動きを専門的な立場から説明するために呼ばれたのであり、自らの個人的感情をお茶の間にぶちまけるために来たのではない。

さらに困惑したのは、視聴者のリアクションだった。多くの場合、情報番組の出演後のインターネット上の掲示板やSNSには、見事なまでに私への罵詈雑言《ばりぞうごん》が並んだからである。わかったのは、韓国政府の行動や韓国人の考えにも、それなりの理由があるという説明を、多くの人が「韓国の立場を代弁する」ものとしてとらえるらしいことだった。

世の中のあらゆる現象にはそこに至る原因があり、その原因を理解しなければ、問題は何も解決できない。両者を区別しない人が多いのは困ったことだな、と思ったものの、同時にこれらの書き込みのなかには、誹謗中傷としか言いようのないものも数多く含まれていた。正直、それらを目にするのは、ただでさえ精神的に不安定な状況にあった当時の私には大きな負担となった。

もちろん、それだけならネットを見なければ済む類の話だったかもしれない。しかし、これらの苦情はその範囲をはるかに超えて、私の目の前に直接つきつけられた。たとえば、メディアとの連絡などを円滑化するために公開していたメールアドレスには、抗議を超えた脅迫に近いメールが数多く届いた。大学の事務室には抗議電話もかかってきた。研究室に、不気味な内容が記された手紙が、カッターナイフの刃を同封して送られて来ることもあった。

なかでも心から恐怖を覚えたのは、家族への危害を示唆するようなものがあったことだった。あるときには、インターネット上の匿名掲示板上に「あいつの住所と家族の名前を教えろ」という趣旨の書き込みがあった。知人からの連絡でこの内容を知った私は、この書き込みがあった「スレッド」を夜通し見守ることになった。幸い個人情報の書き込みはなく、危害は家族に及ばなかった。記憶はあまり正確ではないが、二〇〇七年頃のことだったろうか。こうした書き込みを放置する掲示板や、日韓関係や韓国について無責任な報道を続けるメディアに、強い不信感を抱くようになった。

情報番組に出演してわかったことは、多くの人々が求めているのは学術的で、分析的な説明ではないことだ。視聴者が求めているのは、自らの感情を満足させる発言であり、それに反する発言には聞く耳を持たないのみならず、時に強く反発する。私は次第に諦めに近い感情が強くなり、少しずつテレビ番組から距離を置くようにした。

韓国や日韓関係に対する理解が両極に分かれ、互いに満足な対話すらできない状態で、極端なステレオタイプだけが繰り返し再確認されていく。困ったものだと思ったが、この状況はそれからさらに悪化していった。

2　存在感の逆転――豪州、米国から見た日韓

周回遅れの「東アジア共同体構想」

いまから振り返れば、二〇〇〇年代後半は韓国に関わる膨大な情報の流入と、極端とも思える急速な関心拡大によって、韓流ブームと嫌韓現象がせめぎ合った時期だった。言い換えるなら、この時期には日韓関係について、韓国を批判する言論だけが強かったわけではなかった。

このような状況下、二〇〇九年八月に民主党が総選挙で勝利し政権交代が起こる。民主党

代表鳩山由紀夫は「東アジア共同体構想」を主張していた。鳩山は、この構想について、次のように述べていた。

> われわれは、新たな国際協力の枠組みの構築を目指すなかで、各国の過剰なナショナリズムを克服し、経済協力と安全保障のルールを創りあげていく道を進むべきであろう。ヨーロッパと異なり、人口規模も発展段階も政治体制も異なるこの地域に、経済的な統合を実現することは、一朝一夕にできることではない。しかし、日本が先行し、韓国、台湾、香港がつづき、ＡＳＥＡＮと中国が果たした高度経済成長の延長線上には、やはり地域的な通貨統合、「アジア共通通貨」の実現を目標としておくべきであり、その背景となる東アジア地域での恒久的な安全保障の枠組みを創出する努力を惜しんではならない。
>
> （『Voice』二〇〇九年九月号）

民主党政権は東アジアの地域協力について非常に楽観的だった。だが、私はこの見方にも強い違和感を覚えていた。それは東アジア共同体構想が前提とした二つの前提に、首をかしげざるを得ない部分があったからだ。

一つは、グローバル化により、地域の協力関係が進展しつつあるという前提だ。しかし、本来グローバル化は、世界各国の地域の枠を大きく超えて、より遠い世界の国々との関係を深めるものだ。そして遠い国々との関係の深まりは、必然的に近い国々との関係を相対化させる。つまり、グローバル化は、ある特定の地域に協力関係を集積させるのではなく、交流を世界規模に拡大させることで、地域的な協力の重要性を小さくさせる効果を必然的に持っているのである。

さらに大きく疑問だったのは、もう一つの前提だった。それはこの地域協力で日本が重要な役割を果たすことができる、というものだ。だが、民主党が政権に就いた二〇〇九年、東アジアをめぐる状況は大きく変わりつつあった。長期間にわたって、「アジア唯一の経済大国」だった日本のGDPが中国に追い抜かれるのが翌二〇一〇年、アジアにおける日本の経済的立場はすでに圧倒的なものではなくなりつつあった。しかし当時の民主党政権の東アジア認識は、一九九〇年代以前のままであり、日本がアジアで大きな影響力を持つという前提のままで外交戦略が組まれていた。

だから私は、表面的な歓迎の意の表明を超えて、この構想が東アジア諸国、とりわけ経済力を増し、自信を持ちつつある韓国に、真剣な検討対象として受け止められることはないだろう、と考えた。そして実際、李明博政権は「東アジア共同体構想」について積極的な姿勢を見せなかった。

4−1　日中韓のGDP推移　1972〜2019年

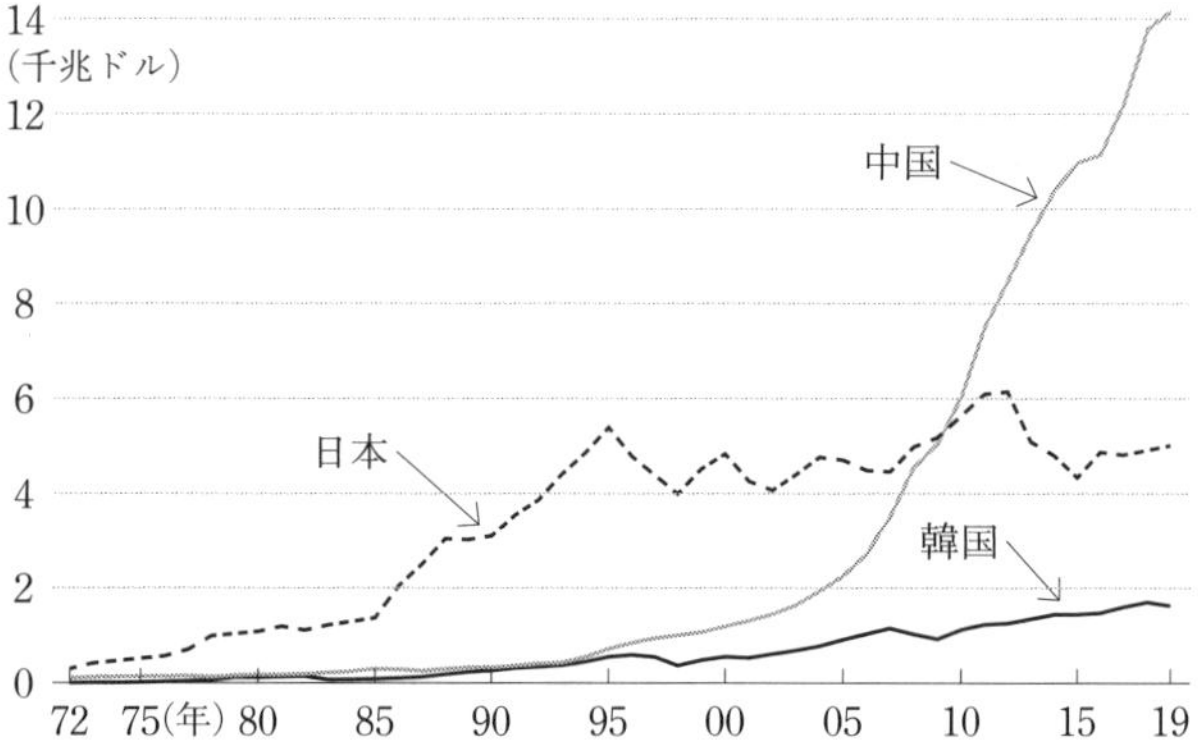

出典：World Bank Open Data

二〇〇八年九月以降に世界を襲ったリーマンショックを乗り越え、ほかのOECD諸国に先駆けて驚異的な経済回復を実現した当時の李明博政権は、得意のなかにあり、韓国には日本との経済協力を急ぐ理由は存在しなかった。この政権はその後北朝鮮による哨戒艦爆破事件（二〇一〇年三月）や中国漁船の違法操業問題（黄海中国漁船転覆事件、同年一二月）など、北朝鮮と中国との関係でも多くの問題を抱えていくことにもなった。そのような李明博政権には、鳩山が唱えた東アジア共同体の理想は、あまりに空虚なものと映っているだろう。そう考えて、事態の推移を見守っていた。

韓国ブレーン不在の民主党政権

民主党政権の成立ではこんなこともあった。

私はこの頃から、次第に東京で行われる政策的な研究会に呼ばれ、発言を求められることが増えてきた。影響力があるかどうかはともかくとして、そこでの役割は政府に対するさまざまな提言を行うことであり、また政策策定の参考となるデータや分析結果を提供することだった。そして私は与野党が交代すれば、当然これらの研究会のメンバーも交代すると思っていた。つまり、新たに民主党に近い人々が起用されるだろうと。しかし、メンバーの入れ替えなどはなく、一連の研究会はそのままのメンバーで継続された。

また、政権交代が行われた二〇〇九年秋、朝鮮半島研究者が一堂に会するとある学会の年次大会が行われたときの話だ。私は集まった人たちに、「民主党政権では誰が政府の提言役になるんでしょうか」と戯《たわむ》れに尋ねてみた。

小泉純一郎政権までの間、長らくその役割を果たしていたのは小此木政夫先生であり、第一次安倍晋三政権期には、首相が「私が最も信頼する朝鮮半島研究者は重村〔智計〕先生だ」と述べたこともあった。歴代政権には韓国や北朝鮮問題で、首相官邸が信頼する研究者がいた。だから新政権では誰がブレーン役を担うのか、問いかけたのだ。

しかし、私のこの戯言《たわごと》はその場に微妙な空気を生んだだけだった。誰もが「自分じゃない」と言うのを見て、私は「このなかに誰かひとり嘘つきがいますね」と言葉を重ねた。だが、その答えはのちに明らかになる。誰も嘘をついていなかったからだ。

民主党政権の外交をアドバイザーとして支えたのは、寺島実郎氏を始めとするジェネラリストであり、小此木先生や重村先生のような朝鮮半島問題についてのスペシャリスト、地域専門家の影は薄かった。

こうして日韓関係は日本側の一方的な、時代遅れの期待を置き去りにして、新たな状況へと進んでいく。そして、私の人生にも、また一つの転機が訪れようとしていた。

オーストラリアから見た日韓関係

二〇〇〇年代は、自分の能力をはるかに超える多くの仕事をした時期だった。

とりわけ二〇〇七年からの三年間は毎年二冊以上の新著を出版する無理なペースで仕事をしていた。さらには先述したように、日韓歴史共同研究プロジェクトの仕事で疲弊し、大学や学界での人間関係も良好ではなく、職場にはたびたびイヤがらせの電話やメールが来ていた時期である。

そのようなか大きな転換点となったのは、二〇〇八年と一〇年に在外研究の機会を与えられたことだった。それまでの留学でも家族、とりわけ妻は海外の生活をそれなりに楽しんだようであり、だから幼い子どもたちにも、世界のさまざまな姿を見せてやりたいと思っていた。また、この時期は対人関係で悩んでいたときでもあり、さまざまに行き詰まりつつある自分の人生を新しい環境でもう一度見つめ直してみたかった。

まずは二〇〇八年春からの首都キャンベラにあるオーストラリア国立大学での滞在だった。同僚が辞退して空いた外部資金の枠に急遽手を挙げての、スクランブルに近い留学だった。オーストラリアを選択したのは、知人であり尊敬する堀内勇作先生がこの大学に勤務し手続きが容易だったことに加えて、二つ理由があった。背景にこの頃から韓国以外の海外のシンポジウムや研究会に招かれることが増えたことがある。

第一は、その経験により視野が狭くなりつつあることを痛感したことだ。これまでの体験から、私の韓国研究者としてのアドバンテージは、韓国について詳しいことよりも、韓国や日韓関係をより大きな視点から見ることができることにあると考えていた。それをもたらしたのは一九九八年からのボストンでの在外研究時の経験だった。だからこそ、韓国やアメリカではなく、オーストラリアに滞在し、違った視点で韓国や日韓関係を見て、もう一度視野を広げ直してみようと思ったのだ。

第二は、英語力のブラッシュアップだった。日韓以外での仕事の機会が増えるなか——それは私の成長というよりはグローバル化の結果だったのであるが——英語の必要性が増していた。そもそも勤務する神戸大学大学院国際協力研究科には、すでに二〇〇二年以降、英語のみで教育を行うコースが設置され、この授業準備などに毎年四苦八苦していた。

オーストラリア国立大学の滞在はわずか三ヵ月だったが、それでも得るものは多かった。最大の収穫は、ともかくオーストラリアからでも韓国や日韓関係はやはりとても遠い、ということだった。つまり、ボストンで経験したのと同じことを、一〇年後、キャンベラであらためて実感したことになる。

ボストンに滞在した一九九八年からキャンベラに住んだ二〇〇八年までの一〇年間、ここまで記してきたように日韓両国の間ではさまざまな問題が起こり、日本の韓国への関心は飛躍的に高まっていた。しかし、それはあくまでも日本でのローカルな状況に過ぎないのだ。日本でも著名なテッサ・モリス＝スズキ先生が主催したキャンベラでの日韓関係の研究会に、ほとんど人が集まっていないのを見ながら、その思いを強く持つことになった。だとすれば、日本や韓国での問題の激化を、どう考えればいいのだろうか。そんなことを考えながら三ヵ月をキャンベラで過ごした。

韓国研究の中心地ワシントン大学へ

その約二年後には、二〇一〇年三月末から一一年三月末まで約一年間、アメリカでの在外研究の機会を得た。

当時、神戸大学では福田秀樹学長のリーダーシップのもと、学長裁量経費から若手教員の国際化のために資金を与える試みが行われていた。若手とはここでは四五歳以下。制度創設がいささか唐突だったため「年度内の出発」の条件を満たして、滞在先を見つけて在外研究に旅立てる若手教員は決して多くはなかった。であれば私がここまで培った多くの人脈が生きてくる。友人たちの顔を思い出しながら、滞在先の候補を選び、後は彼らに受け入れを求めるメールを書けばよいのである。制度が創設された二〇〇九年度、私は四三歳。同じ研究科で他に手を挙げる人が出なかったこともあり、こうしてまたもや、一年間の在外研究に出ることとなった。

私が滞在先として選んだのは、シアトルにあるワシントン大学。この大学を選択した理由は二つあった。

第一は、ワシントン大学がアメリカにおける朝鮮半島研究の大きな拠点の一つだったことである。

すでに述べたように、ワシントン大学はアメリカにおける朝鮮半島研究の祖の一人であるジェームス・パレイが長く勤めた大学である。パレイは一九五七年に在韓米軍で服務したことから韓国に関心を持ち、六八年からはワシントン大学で教鞭をとった。当時アメリカでは朝鮮半島研究の蓄積はきわめて限られ、結果彼が教えるこの西海岸の大学が朝鮮半島研究の中心となっていった。ハーバード大学で私もお世話になった韓国センター所長カーター・エッカルトはワシントン大学で博士号を取得した人物であり『朝鮮戦争の起源』で知られるブルース・カミングスも若い頃、やはりこの大学に勤務している。残念なことにパレイは二〇〇六年に亡くなっており、私は学生時代から尊敬して来たこの研究者に、直接お目にかかることはできなかった。

第二は、パレイなどの研究活動の結果、ワシントン大学には貴重な研究のための資料が蓄積されていたことである。

とりわけ重要だったのは、ここにある東アジア図書館の存在だった。朝鮮戦争を経験し、長らく経済的に恵まれない状況が続いた韓国では、一九六〇年代以前に発行された書物や文献のなかには失われたものも多い。当時の韓国の大学や公共図書館は必ずしも十分な予算をもっておらず、その管理もずさんな場合が多かったからだ。これに対して早くから韓国研究を開始していたこの大学では、早い時期からある程度の体系性を持って韓国語の資料を集めていた。だからこそこの東アジア図書館には、時に韓国でも見つけることが難しい貴重な資料が所蔵されていた。その水準は、韓国語の文献ですら韓国の大学の図書館と比べても遜色がないレベルであり、英語で書かれた韓国に関わる文献にはもちろん事欠かなかった。

シアトルは神戸の古い姉妹都市であり、兵庫県とワシントン州も姉妹県・州の関係にあった。だから神戸大学もまたワシントン大学と協定を結んでいた。またこの大学には、韓国でのシンポジウムで私が何度もお世話になった河龍出《ハヨンチュル》教授がいた。かつてソウル大学外交学科のスター教授の一人として二一年間勤務し、多くの後身をも育てた彼は、二〇〇七年に五八歳でワシントン大学へと移籍した。このことは韓国ではちょっとしたニュースとなるほどだった。

立場が変わる日韓

ワシントン大学での在外研究では、具体的なプロジェクトの遂行よりも、多くの人々と話し、自らの視野を広げることを目的とした。そこには、これまでとは異なる発見があった。

特に印象深かったのは、一九九八年に始まったボストンでの滞在から一二年間を経て、アメリカにおける日韓両国の立場が大きく変わりつつあることだった。

前回の滞在では、アメリカでの日本の地位は、政治や経済だけでなく生活レベルでも、明らかに韓国を圧倒していた。自動車や家電を始めとした韓国製品への信頼度は低く、一九九八年のボストン滞在時のわが家の愛車は、スズキがOEMで作ったGM車だったにもかかわらず、アメリカでは珍しい小型車であったせいか、「そこのヒュンダイもたもたするな」的な言葉をかけられることが多かった。そこに「安物」的な侮蔑の意味が込められていることは明らかであり、韓国研究をする日本人として、複雑な気持ちでその言葉を聞いていた。ボストンの韓国系商店も、日系商店と比べると薄暗く、どこか垢抜けない印象が否めなかった。しかし、二〇一〇年のシアトルでは状況はまったく違っていた。大学の近くにはお洒落な韓国料理店があり、多くの学生たちが訪れていた。郊外にあった韓国系スーパーは日系スーパーよりも大きく、品揃えも充実し、韓国系の人々のみならず地元のアメリカ人も多く利用していた。

もちろんそこにはボストンとシアトルという地域の違いもあっただろう。しかし、アメリカ人、とりわけ若い人々の認識は、韓国のみならず、日本に対しても変わりつつあった。痛感したのは、日本経済についての公開講座を聴講したときだ。担当した教員は冒頭、「君たちには信じられないと思うが」と前置きしたうえで、「かつて日本も中国のように経済成長していた時期があったんだ」と述べたからだ。

考えてみれば当然だった。一九九〇年前後に生まれた当時の大学生にとっては、彼らが生まれたときから、つねに日本は経済が低迷している国に他ならなかった。だからこの教員は、日本にも高度成長期があったことを歴史として彼らに説明しなければならなかったのだ。

日本への関心は、その内容も大きく変わりつつあった。若い学生たちの日本に対する関心は、政治や経済ではなく、ポップカルチャーについてのものが圧倒的になっていた。

たまたま開かれた研究会では、イギリスからシアトルにやってきた日本学専攻の研究者から、「もともとは日本経済を研究していたが、学生が関心を持たないから授業では、日本のポップカルチャーについて話をしている」とぼやくのを聞かされることもあった。アメリカだけの現象ではないことを思い知らされた。

日本の存在感低下の原因を垣間見る機会もあった。ワシントン大学で日本の外交官による講演会が開かれたときだ。講演は明らかに準備不足で、資料にも明白な不備が多数あった。外交官は冒頭、「みなさん、中国がどうして世界の工場と言われているか知っていますか」と問いかけた後、「それは中国でたくさんのものが作られているからです」というレベルの話を続けた。ワシントン大学はアメリカ有数の東アジア研究の講座を持つ大学である。話がそのような場所に相応しくないことは明らかで、「日本の外交官はワシントン大学を何だと思っているのか」と学生に不満をぶつけられた。

関係者に確認すると問題の原因はすぐにわかった。在外公館には、あらかじめ準備した講演用の資料やフォーマットはなく、講演を任された関係者が手作りで準備を行っているからだというのである。優れた外交官であっても、彼らは大学での講演や授業についてはプロではなく、当然、誰かの助けがなければ内容や資料の作り方は甘くなる。なるほどこれでは日本の存在感が小さくなるのは当たり前だ、と考えた。

この時期のアメリカでは、日本人外交官による不用意なアドリブ発言が続いていたが、その理由の一端がわかった気がした。異なる角度から日本の問題点を見た思いだった。

3　韓国併合一〇〇年の「平穏」——李明博演説の価値

合法・違法論再燃の危惧——韓国併合一〇〇周年

さて、話を韓国と関連するものに戻そう。

私がワシントン大学に滞在した二〇一〇年は、一九一〇年の日本による韓国併合から一〇〇年の節目に当たっていた。私はこの一〇〇周年に注目していた。それは区切りのいい年だったからだけではない。一〇〇周年を契機として、韓国併合の合法性についての議論が大きく蒸し返され、日韓関係が悪化するだろうと考えたからだ。

それには伏線があった。一九九五年に村山富市首相は、共産党議員から「韓国併合を合法だと思うか」という質問を受けた。首相は政府見解に沿って「合法だ」と答えたのだが、その発言が韓国で大きな反発を呼んだ。先述した韓国併合再検討国際会議も実は、このときの両国関係の紛糾の結果、始まった議論の延長線上に存在した。

そこには紛糾する理由もあった。日韓両国政府は、韓国併合の合法性をめぐり戦後一貫して、まったく異なる公式見解を持って来たからである。

植民地支配を合法という前提に立つ日本からすれば、韓国併合が違法だとすれば、三五年の日本による植民地支配はすべて違法となり、そこに莫大な法的責任が生まれることになる。だから日本政府は植民地期から一貫して、韓国併合は当時の国際法に照らして合法だという公式見解を貫いてきた。

他方、植民地支配に否定的な認識を持つ韓国では、自国の憲法前文でも示されているように、一九四八年の建国以来一貫して、韓国併合は、日本の武力により押し付けられたもので、違法かつ無効だ、という見解を維持している。

だから、日韓両国が韓国併合をめぐって国家間で公式に議論をすれば、必ずその見解は対立する。併合一〇〇周年という節目の年に、この問題が議論されるのは必至であり、日韓両国が不毛な対立に移るのは不可避に思えた。

和解の可能性――菅直人の談話、李明博の演説

二〇一〇年八月一〇日、菅直人首相が韓国併合一〇〇年についての談話を出した。談話は韓国併合条約の合法・違法には触れず、「痛切な反省と心からのお詫びの気持ちを表明」するものだった。韓国政府との調整の上に出されたものであり、李明博大統領は、これを歓迎する旨の声明を出した。しかし、談話で菅首相が韓国併合の違法性を認めなかった

ことに、韓国メディアの一部は、予想通り反発した。問題は悪化に向かって進むかに見えた。そして八月一五日を迎えた。韓国ではこの日を光復節と称し、一九四五年の植民地支配からの解放と、四八年の大韓民国建国を同時に祝う日になっており、この日を記念する演説を大統領が行う決まりになっている。シアトル滞在中の私は、なぜか中国の北京放送英語版から依頼を受け、この記念日をめぐる状況についてコメントすることを求められていた。その依頼に応えるため、一五時間という大きな時差があるなか、インターネットを通じて李明博の演説を聴くことになった。

しかし、演説の内容は、私の予想とは大きく異なるものだった。

光復節の大統領演説では、植民地支配下の民族の苦難を回顧し、さらにはそこから今日に至るまでの韓国の発展過程を長々と称えるのが通例だ。ましてや韓国併合から一〇〇年に当たる二〇一〇年の光復節である。李明博はいつもより力を入れて過去について振り返ると、私だけでなく誰もが考えた。事実、韓国の一部の新聞は、あらかじめそれを見込んだ社説を用意し、大統領の演説が行われる前から、その印刷を開始していた、という。

だがこの演説で、李明博は韓国併合について、冒頭に「一〇〇年前、われわれは国を失いました。光化門が塞《ふさ》がれ、民族の精気が封じ込められました。しかし、国は失ったものの、民族は生きていました。独立に向けた努力と闘争は、綿々と展開されました」と、きわめて短く触れただけだった。話の多くは北朝鮮との統一問題に割いた。

なるほど韓国が植民地支配から解放された一九四五年八月一五日は、同時に米ソ両国による南北分断占領が確定した日でもある。それを利用して、李明博は混乱が確実な韓国併合の議論を意図的に避けたのだと思った。さらに李明博は、将来の統一に向けた「統一税」導入の可能性についても提起した。経済、それも新税の導入に関わる議論に人々が敏感になるのは当然である。結果、韓国内の議論はこの新税の是非をめぐるもの一色になった。韓国の新聞社の一部は慌てて早版の内容から社説を書き替え、翌朝に配られた新聞には異なる社説が掲載された。このことを後に友人のジャーナリストが面白そうに話してくれた。

自信に満ちてきた韓国

遠く離れたアメリカにいる私には、ソウルで何が起こっているのか、すぐにはわからなかった。だが、日韓関係の悪化を防ぐための意図的な工夫だとしたら、これはうまいと思った。同時に個人的にもこれは助かったと考えた。この年は第二期日韓歴史共同研究が終わったばかり。再び歴史認識問題が激化し、渦中に巻き込まれるのは、もうこりごりだったからだ。

二〇一〇年は李明博政権にとって絶頂期と言える年だった。実際、大統領は自信満々だった。一一月にはソウルでG20サミットが開催された。このG20を韓国は「かつてわが国を見捨てて、植民地へと転落させた世界の列強が、今度はわが国の成功と発展を称賛しにやってくる」と、大々的に宣伝した。アメリカからソウルに足を運ぶ余裕はなかったが、韓国ではオリンピックのときのようなテーマソングまで作られた。首脳会談にテーマソングは要らないだろう、と思ったものの、その曲調からは、高揚する韓国の雰囲気が伝わってきた。

翌二〇一一年一月のオバマ大統領の一般教書演説は、韓国の人々をさらに喜ばせた。

この演説では Japan という単語がまったく用いられなかったのに対し、Korea が五回も登場したからだ。オバマは、韓国について次のように語った。「わが国の社会基盤はかつて最高水準だったが、いまではその優位は失われた。韓国の家庭は、いまやわが国よりも優れたインターネット接続環境を持っている」。それはあたかもアメリカの大統領が韓国の発展を羨んでいるかのような響きを持っていた。かつてなら考えもつかないことであり、日韓両国を取り巻く国際環境が大きく変わりつつあることを実感した。

同時に経済的に大きな自信を得たことによって、韓国は歴史認識問題を克服していくのかもしれない、とも考えた。過去は所詮は過去であり、現在のわれわれの生活には必ずしも直結していない。だから冷静に議論することができれば、李明博が二〇一〇年の光復節にやって見せたように、状況は意外とうまく統制できる可能性があると。

私が大学院生の頃から取り組んできた、韓国のナショナリズムをめぐる問題もそろそろ一つの大きな結末を迎えるのかもしれない。だとすればそれはそれで研究者冥利に尽きる出来事だ。そんなことを考えながら、シアトルでの在外研究生活を終えることになる。

国際協力研究科という教育現場

さて、ここから神戸大学という教育現場から見た、まったく異なる角度からの韓国と関わる経験について記してみたい。

二〇一一年三月末にシアトルから帰国した。直前の三月一一日には東日本大震災があり、大津波が町や村を襲う様子はアメリカのテレビでも中継された。この未曽有の大災害の様子を呆然と、そして暗澹たる思いで見た直後の帰国だった。

二〇一〇年三月末から一年間のアメリカでの在外研究で得たものは大きかった。前回のアメリカ滞在では研究実績がいまだ乏しく、英語も満足に話せない私は、そこに座っているだけの「お客さん」でしかなかった。しかし、このときの滞在では研究報告も何度か行い、教員だけでなく大学院生とも数多く交流を持つことができた。日韓両国と離れたアメリカで、ある程度、私の研究に関心を持ってもらえることもわかり、英語も少しは上達したような気がした。

だから、帰国後の私は、しばらくは英語での論文執筆と国際学会での報告に力を入れようと思った。研究は論文を読んで評価してくれる人がいればいい。学界における人間関係の悩みもあったから、活動の場は必ずしも日本国内である必要はない、と考えた。なので割り切って方向性を変えることにしたわけである。

他方で大学の仕事にも変化があった。ここまでは研究以外の大学内の仕事については、ほとんど書いてこなかった。それはこの時期までの教育に関わる部分の仕事では、本書のテーマである韓国と関わりがほとんどなかったからである。

先述したように、私が勤務する神戸大学国際協力研究科は、主として発展途上国の開発や援助に関わる教育を行う大学院だ。しかし、急速に発展を遂げた韓国は、すでに発展途上国のカテゴリーには属しておらず、援助対象からも外れていた。だから、私は自らの研究で得た知見をそのままの形で教育に還元することが難しかった。

もちろん、大学院のカリキュラム上の講義やゼミはこなしており、ありがたいことに、著作を読んで私の下で研究をしたいという学生はそれなりにいたから、教えることは楽しかった。だから教育と研究が直接関係を持たないことで私の立場が悪くなるわけではなかった。人間関係の軋轢《あつれき》はあったものの、私の仕事を評価してくれる人たちも多く、二〇〇五年にはすでに教授への昇進も果たしていた。つまり職場の居心地が悪かったわけでは決してない。むしろ客観的に見れば、順調過ぎるといってもいいくらいの状況だった。

また、国際協力研究科が実施する発展途上国からの大学院生受け入れプログラムにも、早い段階から関わり、それなりの役割も果たして来た。この仕事では留学生の募集や面接のために他国へ赴くことも多く、カンボジア、バングラデシュ、ウズベキスタン、キルギス、インド、中国、フィリピンなどの多くの国を訪問した。ゼミにもこれらの国々から学生を受け入れた。その多くは現在母国で活躍し、私などよりもはるかに出世している者も多くいる。大学教員冥利に尽きることである。

とはいえ、韓国政治研究者として、従事する大学での業務のリストに韓国が加わらないのは、どこか居心地がよくないのも事実だった。

キャンパス・アジア——中韓名門大との提携

そのようななか帰国直後の二〇一一年に募集が始まったのが「キャンパス・アジア」プログラムだった。

この構想は二〇〇九年一〇月の日中韓首脳会談で、鳩山首相が大学間の単位の互換を認めることを提案し始まったものである。翌年四月には「日中韓大学間交流・連携推進会議」の初会合が東京で行われ、新構想の名称が「アジア全体を大学のキャンパスに」という韓国の提案を受け入れる形で、キャンパス・アジアに決まる。いわば鳩山政権の東アジア共同体構想が残した数少ない遺産である。

このプログラムの趣旨は、単に日中韓三ヵ国の大学が交流することを越え、密接な協力の下、共通のカリキュラムを作り上げ、共同で人材を育成することにあった。とはいえ、その構想を実現する前には、高い言語の壁があった。中韓での日本留学や日本語習得への熱意はすでにかつてのように大きなものではなく、日中韓各国の学生が三ヵ国語を習得する必要がある留学プログラムは、語学的ハードルがあまりにも高かった。

キャンパス・アジアには、さらに多くのアジア諸国を巻き込む拡大させて行く構想もあり、そこでの言語の選択肢は事実上、英語しかなかった。その点私が勤める国際協力研究科は、早くから英語のみの教育コースを持つ大学院であり、アドバンテージがある。この時期までに、日本の社会科学系大学院で、英語のみの教育プログラムを整備した所はいまだ多くなかった。うまくいけばほかの大学より先行できるかもしれない。

キャンパス・アジアのプログラムを文科省に申請するには、パートナーとなる中韓の大学を見つけなければならない。中国については国際文化学部の王柯先生に復旦大学を紹介してもらった。韓国の大学については、私には目算があった。韓国では英語で教育を行う国際大学院が数多く設置され、交流する日本の大学探しに苦労していることを知っていたからだ。

ならば韓国の有名大学の大学院だってパートナーにできるかもしれない。韓国の有名大学と言えばその代表は頭文字から「SKY」と称されるソウル大学、高麗大学、延世大学の三大学である。幸いこの三大学にはいずれも友人がいて交渉は簡単だった。結果、ソウル大学にはすでに東京大学との先約があり、けんもほろろに断られたが、高麗、延世両大学は関心を示してくれた。結局、提案に積極的に応じてくれた高麗大学に依頼することに決めた。

中国の復旦大学は周知のように、上海地域第一の超名門大学であり、SKYの一角である高麗大学と合わせて、これらの名門大学をパートナーとして迎えることができるのは、国際関係に関わる大学教員として大成功と言えた。とはいえ、憂慮もあった。復旦大学、高麗大学の大学院生が、神戸大学という日本の一地方国立大学に本当に来てくれるかである。

プログラムの実施言語は英語であり、だから、たとえばポップカルチャーなどで日本に何らかの関心があり、日本語を学んでいる学生は対象にはしていない。英語で授業を受けることができる学生は、当然、アメリカを始め英語圏の大学にも進学が可能だ。東アジアで日本が大きな影響力を持った状況はすでになく、何か工夫しなければ学生は来ず、それがなければ失敗するに決まっている。

だとすれば、神戸という土地から付加価値を探すしかない。二〇一一年は東日本大震災が起こった年であり、中国や韓国でもその記憶は新しかった。周知のように神戸は一九九五年一月に阪神淡路大震災を経験し、神戸大学にはその後積み重ねられた防災教育や関連研究の実績もあった。そこで日中韓、三大学の交流のために作られるコースのメインテーマを「リスク・マネジメント」に決めた。具体的には、日本では震災をはじめとする自然災害、韓国では北朝鮮などを念頭に軍事安全保障、中国では開発に伴うリスクへの対応を学ぶためのコースとして位置付けた。

周知のように、日本では軍事安全保障に関わる研究は弱く、この点ではタブーのない韓国の大学の授業を使う。経済開発にともなう公害などの問題については、現在進行中の中国の大学で実地で学ぶ。そして自然災害については、研究の蓄積がある神戸大学で学んでもらうのだ。こうして各々の強みを生かして学生を育成すればこれまでとは違うレベルでの教育が出来る……そこまで考えて準備はしたものの、申請作業のさ中で私は心身の不調に陥り、作業は途中から同僚の小川啓一先生に大部分を担当してもらった。結果、小川先生の尽力により、神戸大学国際協力研究科の申請した計画は、「東アジアにおけるリスク・マネジメント専門家養成プログラム」という表題のもと採択され、現在まで続いている。新型コロナ禍の状況が続く現在でも、オンラインと対面双方の形で、復旦大学と高麗大学から、当初の計画に近い一五人程度の大学院生を、毎年受け入れることができている。

残された日本のメリット――就職、ネットワークという格差

さて、大学の国際交流プログラムは、当初は目新しく、どこの国のどこの大学にもある程度は相手国に行きたい学生がいるため、あまり苦労しない。問題はそれ以降であり、帰国した留学生たちが、プログラムやわれわれの大学をどのように評価してくれるかが鍵だった。

この点ではあまり自信がなかった。復旦大学や高麗大学といった中韓両国を代表する大学と比べると、神戸大学が設備・環境面で劣ることは明らかだったからだ。背景には圧倒的な資金力の差がある。この時期以降、神戸大学にかぎらず日本の大学は、アジア諸国の大学との交流で、先方の資金力に圧倒されていく。そもそもこの時期には学費すら韓国の大学の方が高額となっていた。

私の心配は自らの責任上、韓国の留学生にあった。中国と日本の間には依然として一定の格差があり、中国の学生には先進国である日本に来るメリットが依然としてある程度はあるように思えた。しかし、韓国と日本の所得差は急速に縮小しつつあり、ソウルと神戸ではどちらの生活水準が高いかは、すでに判断が難しい状況になっていた。

果たして韓国の超名門大学から、大学院生が継続的に来てくれるものなのか。

心配は杞憂に終わる。高麗大学から予算定員に近い多くの大学院生が来てくれたからだ。そこには韓国特有の問題があった。

一つは日韓両国の大学生の就職率の違いだった。

日本にもたしかに一九九〇年代末から二〇〇〇年代初めには、「就職氷河期」と呼ばれる就職難の時代があった。だが状況は以後、大きく改善された。背景には年齢別人口で最も大きい団塊世代の大量退職と、深刻な少子化があった。

だが韓国では大学生の就職難が続いていた。一九九八年のアジア通貨危機以降、韓国ではグローバル化する世界の状況に対応するために、積極的な新自由主義的な政策が実施された。そこでは、雇用の流動性確保が重視され、結果正規雇用が大きく減少し非正規雇用が増加する現象が起こった。

そしてそこに社会の高齢化が作用した。アジア通貨危機を経験し財政赤字の拡大に敏感な韓国政府は、急速な高齢化にもかかわらず、福祉拡大に踏み込めなかった。そのために民間に対して退職年齢を延長するよう政府の働き掛けが行われた。

そもそも韓国では、二〇一一年の時点ですら、中堅・大手企業の定年退職年齢の平均は五七・四歳、全体の四割近い企業の退職年齢は五五歳に過ぎなかった。当然のことながら零細企業の退職年齢はさらに早く、政府はこの状態を改めるため二〇一三年、これまで「事業主が勤労者の定年を定める場合にはその定年を六〇歳以上にするよう努力しなければならない」としていた、「雇用上の年齢差別禁止および高齢者雇用促進に関する法律」の条文を、

「事業主は勤労者の定年を六〇歳以上にしなければならない」とする、より厳格なものへと改めた。

韓国ではこの改正により、退職年齢が五五歳前後から六〇歳以上にまで、一挙に延長されることになった。結果として、減少する正規雇用の新規採用分は、高齢者によって多くを占められるようになり、割を食った形となった若年層の失業率が上昇した。

その影響は高麗大学のような超名門大学にも及んでいた。たとえば4－2は、二〇一六年から一八年までのソウル市内主要大学の卒業時就職率である。激しい受験勉強で知られる韓国であるが、その最高峰であるソウル大学を卒業しても、三分の一近い学生が就職できない状況にあることがわかる。高麗大学の状況も同様だった。韓国の学生たちが将来に不安を持つのは当然だった。

当時、私の下で研究を志す韓国の留学生のなかには、韓国の若者問題を取り上げる者も多

4－2　ソウル市内主要大学の就職率（%）

大学＼年	2016	2017	2018
ソウル大学	70.6	68.3	70.1
延世大学	70.1	68.7	70.1
高麗大学	73.8	68.2	70.3
西江大学	67.1	67.3	70.4
成均館大学	76.4	75.1	77.0
梨花女子大学	63.0	62.7	62.1
漢陽大学	72.7	69.6	73.4
中央大学	67.6	65.4	69.7
慶熙大学	64.3	63.8	68.3
韓国外国語大学	64.1	60.1	63.7
ソウル市立大学	68.6	64.2	68.5
主要11大学平均	68.9	66.6	69.4

出典：『韓国経済新聞』2019年1月23日.

かった。ある学生は、「大学卒業後の住宅問題」について論文を書いた。韓国では大学卒業と同時に就職できなければ、大学の寮などを追い出され住居を失う。ソウルへの一極集中が進む韓国では、ソウルでの住居を失うと就職活動の継続も困難となる。若年層にとっては深刻な問題だった。結果、韓国の学生のなかには、日本での就職を考える人たちも出てくることになった。

神戸大学のキャンパス・アジアでは、国連や国際機関にインターンシップなどにも多くの学生を送り込んでいた。プログラムを主管する小川先生の個人的なネットワークにより実現されたものだったが、それは韓国の学生たちに大きな驚きをもって受け止められた。

そこに日韓のもう一つの違いが存在した。たしかに、日韓の経済的格差は急速に縮まり、国際的影響力も接近してきた。しかし、先進国の地位を長らく占める日本は、韓国にはない多くのネットワークを持っていた。その一つが、国連を始めとする国際機関とのつながりだった。つまり、「古い経済大国」となりつつある日本には「古い」がゆえのアドバンテージがあった。そのアドバンテージを韓国の学生たちは神戸で発見したことになる。

結局、私がこの神戸大学の教育現場で体験したのは、グローバル化が進み、各国の国力差が接近するなかで、人々の生活にどのような変化が起こるのか、その結果として、日韓両国がどのように、異なる社会を形成していくのか、ということだった。そして、当然のことながら、その経験は私の韓国や日韓関係への考え方や向かい方にも影響を与えていった。

新しい研究の模索

そこで、もう一度研究の方に話を戻してみよう。

二〇一〇年三月に二度目のアメリカの在外研究に向かうまでの私は、研究者としては「ネタ切れ」に近い状態にあり、新しい研究の方向性を模索していた。そのようななか、アメリカ滞在中にミネルヴァ書房から依頼があった。新しい月刊の広報誌『究』への連載である。「日韓歴史認識問題にどう向き合うか」と題した連載は、当初二年の予定が私の勝手な都合で、三年三六回まで延長された。

この内容は、二〇一四年に『日韓歴史認識問題とは何か』という一書にまとめ出版した。私は翌年にはこの本で「読売・吉野作造賞」を受賞することになる。サントリー学芸賞をいただいてから一二年のブランクをおいての大きな賞である。いまだある程度は研究者として評価されていることを示すことができたようで、うれしかった。

この著作は二〇一七年には韓国語、一九年には英語に翻訳され出版された。私にとっては、韓国とアメリカという自らの研究者人生で重要な時期を過ごした二つの国でこの本の出版を果たしたことになる。お世話になった人たちに少しだけ恩返しができたような思いだった。

しかし、『日韓歴史認識問題とは何か』は、二〇〇〇年代に入ってからずっと考えていた日韓関係についての考えを精査してまとめたものに過ぎなかった。結果研究者としての「ネタ切れ」感はさらに強くなった。明らかなのは、インプットよりもアウトプットが上回っていることだった。

四〇代半ばから五〇代は、研究者にとっては、そろそろまったく新たな研究に取り組むことが容易ではなくなる年齢である。研究者は年を重ねるほど、フレッシュな若手と競い合うことが難しくなるからだ。大学院担当教員として「研究者の卵」たちと向き合うなか、このことは常に痛感していた。多くの人々はここから、研究プロジェクトのまとめ役や、大学や学会の役員になり、一種の管理職になっていく。でも、人間関係に苦労している私には難しく、やりたい仕事だとも思わなかった。

では、研究者人生の後半に差し掛かりつつある私にできるのはいったい何か。しかも少しでも楽しみながらできることは何か。

まずは海外での情報発信だった。幸い、ある程度名前は知ってもらえるようになりオファーはあった。時代は末端の朝鮮半島研究者である私にさえ、登場の機会を与える状況になっていた。

そしてその背景には、日韓関係の本格的な悪化があった。

第5章　関係悪化の本格化——歴史認識問題を研究する

1　暗転——司法判断、竹島上陸、天皇謝罪要求

憲法裁判所の判決、求心力低下

二〇一〇年八月、李明博大統領は韓国併合一〇〇周年を巧みに乗り切り、安定した日韓関係が続くかに見えた。当時の日本政府は、二〇〇六年の小泉首相退陣後、安倍、福田、麻生、鳩山、菅と首相が一年程度で交代し、長期的視野を持つ外交政策を取ることが難しい状況にあった。だからこそ、日韓関係をめぐる状況は、相対的に政権が自由度を持つ韓国側がいかに対処するかにかかるようになっていた。そして、韓国政府は自らに与えられたこの役割を十二分に果たしているようにこの時点では見えた。

しかし、状況は二つの出来事によって変わっていく。

一つは、二〇一一年八月三〇日の韓国憲法裁判所の判決である。

この裁判は元慰安婦らが自身の有する日本への請求権について、韓国政府は日韓請求権協定第三条に明記される手続きを尽くしておらず、問題解決に真摯に取り組んでいないとして、訴えたものだった。判決は、韓国政府の不作為、つまり、条約上の手続きを尽くしていないことを憲法違反とするものであり、結果、韓国政府には日本に対して、問題解決を求める外交的努力を行う義務が生まれることになった。これにより、李明博政権がこれまでの姿勢を一変し、日本への強硬な姿勢を取ることが予想された。

当時は日韓両国間で「シャトル外交」と呼ばれた頻繁な首脳会談が行われていた時期である。判決から二ヵ月後の一〇月にも、首相に就任したばかりの野田佳彦と李明博との会談が予定されていた。野田にとっては首相就任後初の外国首脳との会談であり、彼が最初の首脳会談の相手に李明博を選んだ背景には、この時期の良好な日韓関係があった。私はこの会談に先立って、ある会合で、「韓国憲法裁判所の判決は重大ですから、韓国の姿勢は一変するかもしれませんよ」と言ったことを覚えている。

日韓関係は、韓国政府が幾度も慰安婦問題を始めとする歴史認識問題についての見解を変更してきたことが、悪化の大きな一因だった。しかし、それまでは見解を変更する主体は行政府、わかりやすく言えば韓国政府だった。だからこそ、韓国政府には自らの見解を自らで修正し、日本との妥協を図ることもできた。

しかし、このとき以降、歴史認識問題に関わる解釈を変更する主体は、行政府から司法府に変わることになる。時に誤解されているが、韓国でも司法は行政からそれなりの独立性を持ち、政府や大統領の一存によりその判決を変えることはできない。だとすれば、ここから先は、行政府が日本と交渉し妥協を図ることも難しくなるはずだ。

ただし、私が事態の大きさについて本当に気付いたのは、もう少し後のことである。この時点の私は、李明博政権の状況収拾能力を高く評価していたからだ。誰もが危惧した韓国併合一〇〇周年の節目を、巧みに乗り切った李明博政権である。日本との交渉に努力したうえで諦めて見せる、といった曲芸だってできるはずだと思っていた。実際、一〇月一九日の初の首脳会談では、李明博は慰安婦問題に関わる強力な問題提起を自制した。

だが、一二月に京都で行われた首脳会談で状況は一変する。李明博が「慰安婦問題を優先的に解決する真の勇気を持たなければならない」と日本側に強力な申し入れを行ったからだ。対して野田は「法的に決着済みだ」とこれまでの主張を繰り返した。首脳会談直前の一二月一四日にソウルの日本大使館前に建てられた慰安婦像についても、野田が撤去を要求すると、李明博は「誠意ある措置がなければ元慰安婦のおばあさんたちが亡くなるたびに第二、第三の像が建てられるだろう」と反論した。わずか二ヵ月の間に、李明博の姿勢が一変したことは明らかだった。

なるほど、事態はこうして悪化するのだと私は思った。李明博の発言の背景には急速な政権の求心力喪失があったからだ。

李明博は政権の支持率が高い間は、世論の批判を気にせずに日韓関係について自らの所信を貫けた。しかし、政権で不祥事が発覚し支持率が低下すると、慰安婦問題の解決を求める世論や、翌年に大統領選挙を控えて高まる与党内部からの自らへの反発に抗せなくなった。これでは李明博政権にはもう状況収拾を期待できない。

そして、もう一つ、よりわかりやすい出来事が起こる。

二〇一二年八月一〇日の李明博による竹島上陸と、一四日の天皇への謝罪を求める発言だ。この六月には日韓両国がいったんは外交的に合意した日韓秘密軍事情報保護協定の締結を、次期大統領選挙の与党内最有力候補であった朴槿惠《パククネ》を中心とする、与党の反発に直面した李明博が、直前で断念する一幕もあった。こうして日韓関係は急速に悪化した。

影響を受けたのは日本世論

重要なのは、一連の李明博政権の対日政策転換により、主に影響を受けたのが日本の世論だったことだ。

5−1　**韓国への好感度調査**　（%）

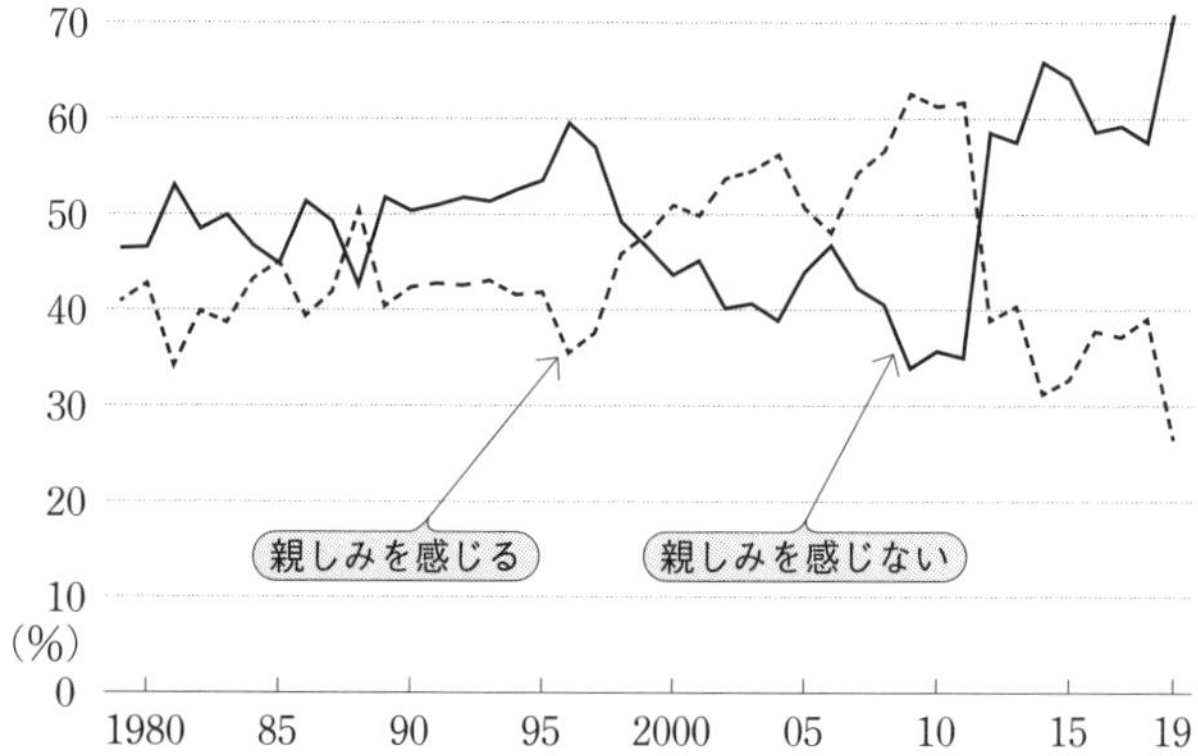

出典：内閣府

表は内閣府が行っている韓国への好感度調査の結果である。二〇一二年を境に日本人の韓国への認識が激変したことは明白だ。ここでこの時期まで拮抗してきた韓国への「韓流」的で好意的認識と、「嫌韓」的で否定的認識の間のバランスが、一挙に後者に傾いたことになる。

この事態を私は少し特別な思いで見守っていた。李明博の行動は当時の韓国の文脈では、実はそれほど突出したものではなかったからだ。

たしかに李明博による竹島上陸は、韓国の大統領による初上陸だった。しかし、韓国による竹島への支配は、それ以前から確実に進んでいた。この時期、竹島には毎年二〇万人以上の韓国人が訪れるようになっており、政治家の上陸も頻繁だった。つまり、韓国では竹島を訪れることは、それほど特別なことではなくなりつつあった。

天皇の謝罪を求める発言も同様だ。韓国では植民地支配が終わった直後から、国際儀礼上は元首格の天皇に植民地支配や歴史認識問題について謝罪を要求することは、むしろ当然の行為と見なされていた。この問題は日韓両国政府の間でも、一九八四年に全斗煥大統領が訪日したとき以来、繰り返し議論されている。つまり韓国の人々にとっては積年の悲願とさえ言える問題なのである。

もちろん、だからといって李明博の一連の行動が、外交的に適切だった、ということではない。とはいえ、韓国ではすでに常態化しておりさほど大きな社会的意味を持たなくなっている行動が、日本社会では非常に大きな衝撃を持って受け止められる、という現象は、今日の両国世論の乖離《かいり》を理解するうえで興味深いと思った。どんなに多くの人々の往来があり、インターネットなどを通した膨大な量の情報の行き来があっても、それにより相手国の状況がよりよく理解できるようになるとは限らない。そんな国際社会の矛盾した側面を見た思いだった。

朴槿恵は親日的という思い込み

李明博の一連の行動以降、悪化した日韓関係は、私の生活にも影響を及ぼした。世論の動向を受け、日本の韓国に関わる報道が一挙に韓国に対する批判的なトーンに変わったからだ。そこではきわめて定式化された議論が繰り返された。

典型的なものに、二〇一二年一二月の大統領選挙で当選した朴槿恵をめぐる議論がある。当初、多くの日本のメディア、評論家、さらには首相官邸に近い人々を含む政治家は、李明博の後任となる朴槿恵による政権は、親日的なものになるという、ステレオタイプな思い込みを持っていた。背景には、彼女が亡き朴正熙の長女であること、何より「保守政治家であれば日韓関係を重視するはずだ」との考えがあった。

奇妙な考えだと思った。元満洲軍士官で一九六五年に日本と国交正常化した朴正熙が父だからといって、娘の彼女が日本に好意的な認識を持つとは限らない。親子といえ朴正熙と朴槿恵は異なる人格であり、朴正熙自身も、日本の言うことを常に諸手を挙げて歓迎していたわけではない。保守政治家であれば日韓関係を重視するという理解もあまりにも単純だ。そもそも李明博もまた保守政治家であり、大阪で生まれたという話に見られるように、家族的背景も日本との関連性を持つ。だから、李明博と朴槿恵の間に大きな違いがあるとする考えには根拠がない、と思っていた。

だから朴槿恵の大統領当選を受けて、私は次のようにコメントした。

朴槿恵氏は文氏〔対立候補だった文在寅〕より親日的とみられているが、過度の期待は禁物だ。島根県・竹島や慰安婦問題で譲歩することはまずあり得ない。日本との関係を改善させた父親の朴正煕元大統領のイメージがあるので、逆に日本に協力しにくいはずだ。

（『東京新聞』二〇一二年一二月二〇日）

だが多くの日本人は、朴槿恵は親日的というステレオタイプで理解しようとした。保守派であれば日韓関係に融和的なはずだという理解は、韓国の現代史を見ればまったく的を射ていない。強烈な反日思想で知られた初代大統領李承晩はもちろん、慰安婦問題で初めて日本に補償を求めた盧泰愚《ノテウ》や、歴史認識問題でスラング交じりの表現で「日本の悪い癖を叩き直してやる」と述べた金泳三は、すべて保守派に属する政治家だ。保守派が進歩派よりも日本に融和的というイメージはあくまで相対的なものに過ぎず、メディアにより過度にわ

国政選挙で応援演説中の朴槿恵，2012年３月29日．筆者撮影

かりやすく作られたものだ。

朴槿恵の対抗馬だった進歩派の文在寅については、彼が大統領秘書室長としてナンバー2の地位にあった盧武鉉政権での強硬な対日イメージがすでにあった。文在寅同様に保守派も日韓関係に後ろ向きだとすれば、日韓関係改善のシナリオは描けなくなる。だから、保守派の朴槿恵には日本に好意的であって欲しい。そんな日本側の一方的な期待がそこには強く反映されていた。

韓国の保守派はそれをうまく利用して、日本への影響力を拡大しようとした。彼らは日本の保守的な人々に、対抗馬だった進歩派の文在寅に比べて、朴槿恵がいかに日本に好意的であるかを熱心に訴えかけた。

しかし、二〇一三年二月、大統領に就任した朴槿恵は、多くの日本のメディア、評論家、政治家が持ったステレオタイプな期待を見事に打ち砕いた。

周知のように、朴槿恵は日本との間に妥協的な施策を取るどころか、慰安婦問題をめぐって強硬な姿勢を貫いたからだ。日本では二〇一二年一二月から安倍晋三が再び政権に就いていた。同じ保守派に属するはずの安倍晋三との会談を、朴槿恵は慰安婦問題での進展がなければ無意味であるとして拒否し続けた。こうして日韓関係はさらに大きく悪化した。

国際的に注目を浴びる関係悪化

とはいえ、日韓関係の悪化そのものは過去に何度もあった。だがこの二〇一三年以降の、安倍晋三と朴槿恵の間の対立は新しい展開を見せた。日韓関係が両国だけでなく国際的な注目を浴びるようになったのだ。それには二つの理由があった。

一つは、日韓両国が歴史認識問題で、自らの主張を相手国に向けるよりも、第三国に対して行うようになったことである。

たとえば、この時期、世界各地に慰安婦の姿をかたどった「少女像」が設置される動きがあり、これに対して日本政府は抗議活動を現地政府に行った。対する韓国政府の動きはより包括的で、彼らは自らの歴史認識の正当性を、第三国に積極的にアピールした。この朴槿恵政権の外交に日本政府は強く反発し、日本メディアはこれを「朴槿恵の告げ口外交」と揶揄した。

こうした背景には、日韓の歴史認識問題の対立が長期化し、次第に互いが互いを説得し、あるいは圧力をかけて解決することが難しくなったことがあった。相手を直接屈服させられないからこそ、両国は国際社会、とりわけ両国の共通の同盟国であるアメリカの支持を取り付けて、その圧力により相手を譲歩へと追い込もうとしたのだ。

もう一つは、大きな国際社会の構造変化の影響だった。重要なのはこの時期、日韓両国の歴史認識問題をめぐる対立が、アメリカの安全保障戦略上の大きな障害と見なされるようになったことである。背後には急速な中国の影響力拡大があった。二〇一〇年に日本のＧＤＰを凌駕した中国は、その後も高度成長を継続し、一四年にはその経済規模は早くも日本の二倍以上に達している。

この中国の台頭のなか、二〇一三年二月に成立した朴槿恵政権は中国政府に積極的にアプローチした。韓国経済の中国市場への依存が強まるなか、韓国財界が対中関係の深化を求めて動いていたことが一因だった。つまり、当時の朴槿恵政権は「保守政権であるにもかかわらず中国に接近した」のではなく、「保守政権だからこそ中国に接近した」のだ。財界と近い保守政権だからこそ、財界が求める中国への接近に前のめりになったわけである。

私にとってこの現象はとても興味深かった。それはアメリカと中国間のパワーバランスの大きな変化が、国際社会に、どのようなメカニズムでどのような変化を与えるかを如実に示すものだったからだ。一九世紀末、ドイツが台頭してイギリスに対抗するようになったときもこのような状態だったに違いない。そんなことを考えながら、問題の中心にある日韓関係の状況を間近で見ることができるのは、研究者冥利に尽きると思っていた。

ワシントンとベルリンでの関心

膨張する中国に西太平洋で次第に押し込まれていくアメリカが、中国に接近する韓国の動きを警戒するのは当然だった。当時の私の理解では、アメリカの懸念は大きく二つあった。

第一に、アメリカは西太平洋の主要な同盟国である日韓両国が、歴史認識問題をめぐって対立する状況そのものが、中国を利すると考えた。つまり、自らの相対的な国力の低下が明らかである以上、同盟国であり、この地域で大きな国力を持つ日本と韓国が協力してアメリカの安全保障戦略を補完してくれなければ困るというわけである。

第二に、アメリカは韓国の中国接近が、東南アジア地域をはじめとする他の中国周辺諸国への外交の妨げになると考えた。アメリカの同盟国であっても韓国のように中国への接近が許されるなら、ほかのアジア諸国も、大きな経済力を持つ中国への接近が許されると考えるのは当然だからだ。放置すれば、対立の焦点である東南アジア諸国が、中国側に雪崩を打って移動するかもしれないと恐れたことになる。

このような日韓関係の悪化に対する国際社会、とりわけアメリカにおける関心の拡大は、私のような一介の韓国政治研究者にも、国際関係を直接垣間見る機会を与えてくれた。つまり、この二〇一五年から一六年にかけて私は、ワシントンやロンドン、さらにはパリやベルリンなどで開催された、さまざまな国際シンポジウムに頻繁に招待されて、直接、報告、あるいは議論をする機会を得ることになったのだ。

そのすべての印象をここに記すわけにもいかないので、印象に残っている会合を二つだけ紹介しておこう。

一つは、二〇一五年一〇月、ワシントンのカーネギー財団に招かれたときのことだ。「日韓関係：五〇年そしてこれから」（Japan-Korea Relations: Fifty Years and Beyond）というタイトルで行われたこの会合は、文字通り日韓関係が西太平洋地域の安全保障に与える影響を議論するものだった。そこには私のような研究者だけでなく日韓両国の駐韓、駐日大使経験者も招かれていた。クローズドの会合だったので、参加者はおよそ一〇〇名程度だったろうか。

この会合では議論以上に、それが開催されたこと自体が感慨深かった。過去二回のアメリカ留学の体験から、日韓両国で常に関心を集める問題が、アメリカではほとんど興味を持たれていないことを繰り返し思い知らされていたからだ。しかしいま、日韓関係、そしてその歴史認識をめぐる対立が、世界的にも著名なシンクタンクが会合を開くような、大きな注目を浴びるものになっているのだ。

もう一つはその二ヵ月後、二〇一五年一二月にベルリンで行われたシンポジウムである。招待してくれたのは、コンラート・アデナウアー・シュティフトゥング。ドイツ与党であるキリスト教民主党と関係が深い有力財団である。アメリカでも元来は関心が高いとは言えない日韓関係だが、欧州での関心はアメリカよりもさらに低い。事実、このシンポジウムのタイトルも「未来を形作る：ヨーロッパの日本」(Shaping the future: Japan in Europe)、つまり、欧州における日本の重要性を議論するものだった。

それでも、私を招待してくれたように、彼らの関心のなかに日韓関係が入ったことは、きわめて興味深かった。なぜならそれは欧州の人々にも、日本について考える際に韓国との関係が、重要なポイントの一つと見なされるようになったことを意味していたからだった。

日本の人材不足

他方でこのシンポジウムでの聴衆の関心は、ワシントンとは大きく異なっていた。ワシントンで人々が関心を寄せたのは、主に日韓関係がアメリカの安全保障政策に与える影響についてだった。しかしベルリンでの関心は、台頭する中国へのアプローチが日韓でなぜ異なるかであり、さらに言えば、日本がどうして中国に大きな警戒心を持つのかだったからである。念のため二〇一五年時点の話である。

当時のヨーロッパ諸国の多くは、台頭する中国に対して警戒を向けるよりは、むしろ、関係の密接化を進める方向に動いていた。だからこそ、彼らにとっては、中国へのアプローチを進める韓国の動きの方が、警戒を進める日本よりも、「当たり前」のものに映っていた。

手元に残る討論用のメモによれば、この問いに、私は次のように答えたはずだ。

あなた方は中国の台頭は大きな脅威ではないと言う。しかし、にもかかわらずロシアについては安全保障上の深刻な脅威だと主張する。しかし、日本では逆の状況が起こっている。安倍政権は中国に大きな警戒を見せる一方で、ロシアのプーチン大統領とは密接な関係を持とうとしている。結局その違いとは、モスクワと北京がわれわれとの間に、どのような地理的関係にあるかの違いでしかないのではないですか。

これまであまり訪れたことのない国に行き、異なる考えを持つ人たちと交わした意見の交換は、とても大きな知的興奮を与えてくれた。こうして私の日韓両国以外での活動の場は爆発的に増え、その機会がさらに多くの新たな知見を与えてくれた。

一方で、国際的な場での日本の人材不足も明らかに見えた。国際会議で顔を合わせた韓国の専門家の大半は、アメリカやイギリスなどでの博士号取得者であり、彼らは流暢な英語と豊富な経験に基づき、巧みに議論を展開して見せた。対して日本からの出席者の多くは、専門性こそあっても、官僚的か過剰に学術的だった。

そもそも私のような研究者が、こういう場に招待されるようではダメだ。そう痛感させられることは一度や二度ではなかった。

2 強固な思い込み――安倍晋三、慰安婦合意の評価

日本政府が求める〝材料〟

大学教員として研究や教育を生業とする私にとって、国際関係を始め現実の政治に関わる問題について発言することは本来の仕事とは言えなかった。だからこそ、これらの場では、自分に何が求められているのかを自問自答することも多かった。そのディレンマは日本国内ではさらに深かった。

たとえば、二〇一三年からしばらくの間、日本国際問題研究所が実施した領土問題や歴史認識問題に関わるプロジェクトに参加したときのことである。

外務省の外郭団体である日本国際問題研究所が、この時期立て続けにこのようなプロジェクトを立ち上げた背景には、当然のことながら、中国や韓国との領土問題や歴史認識問題の激化があった。事実、これらの活動の多くは外務省をはじめとする日本政府各部所からの支援を受けていた。こうした共同研究から、外交政策の材料を探し、戦略形成に役立てようというわけである。

とはいえこのような研究会での私の立ち位置は微妙だった。ちょうど『日韓歴史認識問題とは何か』を出版する前後のことであり、歴史認識問題はもちろん、領土問題についても、一定の情報は持っていた。しかし、私の情報が、ただちに日本政府の主張を裏書きし、それに直接資するか、といえば必ずしもそうではなかったからだ。

たとえば、ある文書が竹島や尖閣諸島について日本の領有権の存在を示すものであるか否かを考えるうえでは、文書に何が書かれているか以上に、書かれている文章をどのように解釈すべきかの方が重要になる。江戸時代以前、今日のような主権国家や国境に関わる明確な意識を持たなかった時代に作られた文献をどう解釈すべきなのか——。だから、私はつねに一定の留保をつけてしか議論できなかった。

にもかかわらずこれらの研究会で求められたのは、日本政府の主張をサポートする方向での議論だった。もちろん、日本政府が、韓国や中国、さらにはロシアとの間の領土問題で、自らの主張を強化する材料を求めることは重要である。しかし、研究者にとってより重要なのは、自らの集めた史料や分析結果に忠実であることであり、単純で明確な結論に踏み込むことは時に容易ではない。

だから研究会では参加する研究者と、これに同席する政府関係者の間で一定の摩擦が起こることもあった。研究者の立場としては、仮に政府見解と研究者の分析結果に齟齬があれば、訂正されるべきは政府見解であって、研究者の分析結果ではない。そこで自らの分析結果を政治的に枉《ま》げてしまったならば、研究者の信頼性自体が問われることになる。

だからこそ、これらの研究会で、私は大きく困惑することもあった。背景には、第二次安倍政権の歴史認識問題に対する積極的な姿勢があり、そのなかで各々の研究者も自らの立ち位置を決めることを迫られているかのように感じていた。

ずらりと並んだ民族主義的論客

類似の経験をもう一つ挙げておこう。

二〇一六年八月、ある政府関係者からの依頼で、産業遺産国民会議が主催する「産業労働問題研究会」に呼ばれたときのことだ。背景には世界遺産の登録をめぐる日韓両国の対立があった。発端は、日本政府が九州・山口地域の近代化遺産を、ユネスコの「世界遺産」として登録しようとしたことにあった。これに対して韓国政府は、長崎造船所や端島炭坑（軍艦島）など第二次世界大戦中に多くの朝鮮人が労働を強いられた施設が含まれており、世界遺産に相応しくない、と反対していた。

この登録に向けた最後の議論が行われていた二〇一五年、韓国政府の強い反対に直面した日本政府は、この問題の悪化が、翌年以降の日本政府による世界遺産申請に悪影響を与えることを憂慮するようになる。結果、次のような声明を文書で配布するという妥協を韓国政府との間で余儀なくされた。

　一九四〇年代にいくつかの施設で、その意思に反して連れて来られ、厳しい環境の下で働かされた多くの朝鮮半島出身者などがいたこと、また、第二次世界大戦中に日本政府としても徴用政策を実施していたことについて理解できるような措置を講じる所存である。

だが、このような妥協的措置は、世界遺産登録に奔走した人たちが、これに心から同意していたことを意味しなかった。

報告を依頼された「産業労働問題研究会」は、主催者側の説明によれば月一回の開催であり、私が報告した会は第四回目だったから、二〇一六年五月頃から開催されていたことになる。私への具体的な依頼内容は、日本統治期の朝鮮半島における軍人・軍属に関わる問題の説明であり、とりわけそこにおける当時の人々の証言の紹介だった。総力戦期の朝鮮半島からの動員については、第一期日韓歴史共同研究プロジェクトで論文を書いており、後述するような植民地期の当事者へのインタビュープロジェクトを進めていた時期でもあった。だから基本的な資料を集めて報告をすることは難しくなかった。

会場に行き驚いたのは、参加する人々の顔ぶれだった。そこには一般向けの論壇誌などでもお見かけする民族主義的な論客が、ずらりと顔を揃えていたからだ。司会は西尾幹二先生だったと記憶している。

報告を始めてすぐにわかったのは、私が報告の中核に置いた日本政府による軍事動員の歴史やそのシステムの在り方については、彼らがほとんど興味を持っていないことだった。軍事動員の歴史やそのシステムの在り方を中心に話したのは、歴史の背景を理解しなければ、個々の文献や関係者の証言の持つ意味が理解できないからだ。しかし、この報告は、彼らの希望したものではなかったらしく、私は参加者の一人から「何を言っているかわからない！」と、大きな声で口を挟まれ、戸惑った。

結局、彼らが私に求めていたのは、日本の朝鮮半島からの軍人や軍属の動員状況についての全般的な状況やシステム、あるいはその歴史的変遷ではなく、日本による統治が「悪いものではなかった」と示すことであり、また動員された朝鮮人が「日本人と平等に扱われた」「幸せに過ごしていた」ことを示す、具体的な、異なる言い方をすればミクロな証拠を出すことだった。「日本の産業化遺産」をめぐる問題で、韓国からの批判にさらされていた彼らは、これに対して反論する必要があり、その材料を探していたのだろう。このような彼らが集めた資料や研究成果は、のちに「産業遺産情報センター」で展示されることになっている。

しかし、自説に都合のよいミクロな情報をどれだけ多く集めても、その情報が歴史的な文脈のうえにきちんと位置付けられなければ、それは少なくとも学問的にはあまり意味がないし、最悪の場合、印象操作であるとの非難さえ受けかねない。なぜならミクロな情報やエピソードは、マクロな状況に位置付けられなければ、いかなる一般性をも持たないからだ。相手側が事実に基づく論拠を示している場合、それを破りたければ、根拠となる資料の信憑《しんぴょう》性を検討するなどの専門的な作業も必要になる。

つまり、都合のよい情報だけを示すことは、逆に自らの情報操作の恣意性を示すだけの結果になりかねない。それでは、かえって自らの主張の信頼性を損なうだけだ。残念ながらこれでは彼らの期待に応えることはできそうもない。そう思って、報告を終えるとすぐに新幹線に飛び乗って神戸へと戻った。

重要なのは、自らの主張に都合のよい証拠を並べることではない。むしろ都合の悪いように見える証拠を真摯に検討し、自らの主張の内容をアップグレードすることが必要だ。しかしながら、少なくとも私の目には、人々はむしろ自らのこれまでの主張に過度に拘泥し、結果として柔軟性と説得力を損なっているように見えた。専門性のある人たちはたくさんいるのだから、彼らの知見をうまく使えばいいのに、そんな思いをすることが多くなっていた。

安倍晋三の写真や「日帝侵略戦犯」「獨島侵奪糾弾」「日本製品ボイコット」などと書かれた垂れ幕を掲げた反日デモ，日本大使館前，2014年3月1日．筆者撮影

一八〇度変わった安倍晋三への評価

同じことは韓国でもあった。安倍政権と朴槿惠政権との間で二〇一三年から本格化した日韓両国政府の対立は、これを議論するための場を、韓国国内でも数多く作り上げることになった。とりわけ日韓国交正常化五〇周年の節目に当たった二〇一五年を挟む時期には、数多くの国際会議やシンポジウムが開催された。

たとえば二〇一四年八月に済州島で開かれたシンポジウム「韓日カンファレンス」に出席したときの話である。このシンポジウムでの私の発言について、『朝鮮日報』が次のように報じている。

木村幹神戸大教授は「安倍首相の保守性は、一次政権と二次政権の間で変わっていない。だから安倍首相の保守性のみによって、韓日関係の悪化は説明できない」とし、「安倍首相が変わったのではなく、韓国が変わったのではないか」と指摘した。これに対して、曺良鉉《チョヤンヒョン》〔国立外交院〕教授は「第一次政権期の安倍は河野談話を継承するという現実的な路線だったが、二次政権では談話を検証するなど、慰安婦問題でも退行的で右翼的な行動を見せている」とし「安倍の政治的行動が変わっているのに、なぜ韓国が変わったのが原因だと言えるのか」と反論した。

（『朝鮮日報』日本語版　二〇一四年八月三〇日）

当日掲載された新聞記事が続いて、「幹教授はこれに大きな声で反論した」と、私の姓と名を混同して記しているのは愛嬌であるが、私が韓国側の主張に反論したのはもちろん理由があった。

この頃の韓国では日韓関係の悪化は、安倍首相の「右翼的な行動」により、一方的にもたらされているという見方が支配的であり、これに一石を投じようと思ったからだ。

周知のように、二〇〇六年から〇七年の第一次政権と、一二年から二〇年の第二次政権との二度にわたり首相に就いた安倍は、若い頃から民族主義的な論客として知られていた。しかし、二〇〇六年と一二年では、韓国における安倍評価は一八〇度という表現が相応しいほどに変わっていた。

第一次政権成立時に安倍晋三は、前任の小泉純一郎政権で悪化した日韓関係を改善する救世主のように韓国では扱われた。この二〇〇六年にも私はたまたま韓国に滞在していたが、その私ですら韓国の旧知の日本研究者に誘われて、韓国の新聞の鼎談に駆り出されたほどだった。「安倍政権の成立を契機にして、日韓関係を改善する空気を作り出す」のが目的と言われて、期待にはあまり応えられそうにないな、と思ったのを覚えている。

だが、第二次政権成立時には、韓国の世論は最初から安倍に敵対的だった。安倍は「歴史修正主義者」であり警戒すべき人物である、というのが当たり前の評価になっていた。そしてこのような安倍への否定的な評価が、第二次政権発足の二ヵ月後に成立した朴槿惠政権の強硬な対日姿勢を大きく後押しすることになっていた。

済州島のシンポジウムで、私の議論の相手をした韓国の研究者が述べたように、第一次政権と第二次政権の間に安倍の対韓国政策に変化があったことは事実である。だが、それにしても韓国の安倍への対応の変化は極端に見えた。そもそも二〇〇六年から〇七年までの第一次安倍政権期の日韓関係は、決して悪いものではなかったし、首相個人の民族主義的な主張は、当時から大きく変わっているようには思えなかったからである。

それは私には次のように見えていた。彼らは二〇〇六年には「親韓派の巨頭・岸信介の孫」としての安倍に一方的に期待した。それが二〇一二年には「民族主義者」としての安倍への警戒に変わったのではないかと。

だとすると韓国の人々は何かしらの強固な思い込みにより、日本に対して合理的な判断や政策を取ることが難しくなっているのではないか。さらに言えば、安倍晋三に対する韓国の論調の背景には、この六年間で国力に自信をつけ、かつてはっきりと物事を言えなかった日本に、明確にNOを突きつけたいという韓国側の思いが表れているのではないか。そう考えながら、この時期に開かれた多くの韓国での会議に出席することになっていた。

「慰安婦合意」の影響はあったか

いずれにせよ、ワシントンやベルリン、済州島、さらにはロンドン、ソウルなど日韓関係に関連したシンポジウムや研究会に頻繁に出席をしていた頃の私は、日本政府の立場を代表して話していたわけではもちろんない。さらにいえばこれらは私にとって主要な研究発表の場でもなかった。主たる研究活動の場は、AAS（Association for Asian Studies）を始めとする大規模国際学会であり、政治色の強い会合での報告内容は、これらの学会のために用意した研究成果を「使いまわした」ものに過ぎなかった。

しかし、これらの政治色の強い会合から、私が得たものがなかったわけではない。韓国のナショナリズムや日韓の歴史認識問題を研究していた私にとってこれらの場は、日韓両国を始め中国やアメリカ、ヨーロッパなどの研究者が、現実の国際政治についてどのような議論を行い、どういう理解を持っているのかを観察できる貴重な場でもあったからだ。私はかつての日韓歴史共同研究と同様に、最終的には観察者に過ぎず、またできるなら観察者に徹したい、と思っていた。

他方で、当時の日韓関係は、二〇一五年一二月のいわゆる「慰安婦合意」に向けて進んでいく時期にあった。一介の研究者に過ぎない私には、詳しい舞台裏をうかがい知ることはできなかったが、それでも前後してさまざまな国際会議に出席する機会を得たこともあり、事態が大きく動きつつあることは想像できた。

しかし、慰安婦問題は日韓両国間の最重要問題であり、日韓両国政府が容易に合意へと至ることなどできないのではないかとも思っていた。そのようなとき、次のような出来事があった。二〇一五年一〇月末だから、最終的な合意が発表される二ヵ月ほど前のことである。たまたま調査で訪れたソウルで、共同研究者でもあった旧知の日本政治研究者と、喫茶店で話をしているとこう切り出された。「いま韓国政府は、慰安婦問題での日本への法的賠償請求権を放棄することを考えているのだがどう思うか」。

それは韓国側が大きく譲歩するのだから歓迎するだろう、と答えたものの、信頼できる知人の話でもあり、朴槿恵政権は大胆なことを考えているのだな、と少し驚いた。

研究者として興味深かったのは、慰安婦合意そのものよりも、その後の状況だった。よく知られているように、韓国では積年の主張である法的賠償請求権を放棄した慰安婦合意は、著しく不人気だった。それでは、この「韓国で不人気な歴史認識問題に関わる合意締結」により、どの程度、大統領や与党の支持率に影響が出るのだろうか。そしてそれがわかれば、日韓間の歴史認識問題が、韓国政治でどれくらい重要な問題であるかがわかるはずだ。

日本でよく言われるように、韓国で歴史認識問題が大きな政治的重要性を持つなら、それ自体への反対が顕著な慰安婦合意の締結は、大統領の支持率を大きく引き下げるはずだ。逆に、支持率に大きな変化がなければ、われわれは韓国における歴史認識問題の重要性を過大に評価していることになる。こうして固唾《かたず》を飲んで見守った結果の支持率は、驚いたことに上昇していた。つまり、慰安婦合意が大統領の支持率に悪影響を与える、という現象は観測さえされなかったことになる。

世論調査会社の解釈によれば、北朝鮮との関係悪化が保守政権の支持率を上昇させたということだった。日韓両国政府、国際社会が注目した慰安婦合意は、韓国社会でどれほど不人気でも、大統領や与党の支持率に影響を与える存在ではなくなっているのだ。

韓国における日韓関係の重要性の低下を再び思い知らされた経験だった。

ＳＮＳの世界——四万人を超えたフォロワー

日韓関係における観察者、悪く言えば傍観者としての私に、もう一つの貴重な観察の場を提供してくれたのは、インターネット、より正確には、ツイッターやフェイスブックなどＳＮＳ上での情報交換だった。とはいえ当初から意図的にＳＮＳを研究の情報収集に使おうと思って始めたわけではない。

私が利用しているＳＮＳは、日本語でツイッター、英語ではフェイスブックであるが、手許のデータによれば使い始めたのはともに二〇〇八年になっている。顧みればこの時期は、私のメンタルの状態が最も悪い時期で、日本国内の学会や研究会に出席するのも難しくなっていた頃である。無意識のうちにその代替を仮想空間に見出そうとしていたのかもしれない。

私の理解ではＳＮＳは、基本的に呟《つぶや》き、より正確にはその場での自らの愚痴のような何かしらを吐き出すためのものである。好きなように呟き、書いていたのだが、厄介なのはフォロワー、つまりは読者が物凄い勢いで増えたことだった。とりわけツイッターのフォロワー数の増加は異様だった。二〇一五年頃までには一万人を超え、やがて四万人を超えるまでになったからだ。

朝起きると「眠い、仕事に行きたくない」と書くたぐいの自分の呟きを、満員の野球場の観客にも等しい数の人たちが、どうして読みたいのかはまったくわからなかった。ただ、考えられないくらいの人々が、自分の呟きを読んでいることは事実のようであり、この状況は私に特殊な環境をもたらした。

それはこれまでメール、郵便、電話で一方的にしか寄せられなかった私の仕事への反応が、SNSを通してダイレクトかつ双方向で得られるようになったことである。誹謗中傷も多く、酷いときには家族への脅迫に近いものもあった。実際、警察に通報して対処してもらったこともあるので、冗談になる話でもない。メンタルの状態がよくないときには大きな負担であり、心療内科で処方してもらった薬を飲んで、無理に眠るしかないこともたびたびあった。

しかし、メリットも多くあった。多くのフォロワーを持つ状況を利用し、一種の実験のようなこともできたからだ。たとえば、あるメディアに文章を書く際に、事前に反応を知りたいときがある。そのときにSNSで少しさわりを膨らまして発信してみるのだ。結果その反応を見て、議論を補強したり、わかりやすくする。とりわけ研究者やジャーナリストなど専門家の反応は頼りになる。彼らが好意的だと事前にわかれば、自信をもってコラムや論文が執筆できる。しかし、批判的ならば議論に何か重要なことが欠けている可能性があり、それを補う必要があるとわかるのだ。

SNSに現れる「世論」

さて、そのようにインターネットを実験場のように使っていて気付いたことがあった。それは、多くの人々がわれわれが書いた文章をしっかりとは読んでいないことだ。

とりわけ厄介だったのは、韓国について批判的な人々だった。私が韓国の状況について、説明を行っただけでも、彼らは「韓国の味方をしている」と決めつける傾向があった。

彼らが欲しているのは、韓国にとって都合の悪い話であり、だからその根拠となる情報だけを求めている。韓国を嘲笑《ちょうしょう》すること自体を目的に情報収集しているからなのかもしれない。実際には韓国には韓国の事情があり、人々の行動にも理由がある。しかし韓国を見下し、嘲笑したい彼らにとっては、韓国の人々の行動に合理的な理由があっては困るのかもしれない。

このことは、先に述べた日本政府が作り、支援した一部の研究会や、済州島をはじめとするさまざまな韓国での国際会議で私が感じたことと同じだった。そこでは韓国や日韓関係に関わる議論が、結論先にありきのものになっていた。

そこには「エコチェンバー」現象と言われる、インターネット社会特有の現象があった。同時に見られたのは、従来からの古い韓国に対する見方を懸命に維持しようとする人々の姿だった。たとえば、ＳＮＳ上では、毎日のように韓国で通貨や株が暴落し、経済が崩壊するかのような書き込みがなされている。そこにアジア通貨危機の頃、二〇年以上前の古い韓国の姿が反映されているのは明らかだ。そしてその認識に安住したい彼らは自らの認識をアップデートすることを望んでいない。このような状況の背後には、ＳＮＳに垣間見える両国の「世論」の現実があるのかもしれない。

だが、現実には韓国をめぐる状況も、日韓関係も刻々と変化している。新たな状況に適合した新たな認識を持たなければ、他国にも国際社会にも、やがて合理的な対応ができなくなる。であれば、私が彼らに示すべき新しい状況の姿はどのようなものであるべきなのだろうか。

3　韓国社会の変化とオーラルヒストリー

保守派？　進歩派？——イデオロギー的分断の進行

こうして二〇一五年頃を境に、私はもう一度、韓国社会の新たな変化に注目するようになった。それは現実の社会を知るうえで必要であると同時に、自分の研究をもう一度立て直すためでもあった。私はこの頃から「過去の歴史」にだけではなく、「変化する目の前の現実」にも目を向けるようになった。

韓国社会の変化に関わる洞察は、世論調査を始めとする各種データや資料から基本的には得られる。だが手掛かりとなるアイデアを得るためには、目の前で変化を観察することも重要だ。注目したのは、韓国社会がイデオロギーによる分断を拡大させていることだった。

周知のように、韓国では民主化後しばらくの間の政治空間は、慶尚北道や慶尚南道、さらには全羅道や忠清道といった地域によって分断されていた。「一盧三金」（盧泰愚、金泳三、金大中、金鍾泌）と呼ばれたボスが各地域に君臨する構造になっていた。しかし、この構造はやがて崩れ、韓国の政党システムは、保守派と進歩派の二大政党制に収斂《しゅうれん》していく。

それだけなら常識的な話だが、重要だと思ったのは、このような状況が韓国社会全体に深刻な亀裂を生み出していたことだった。実感したのは、二〇一四年に二ヵ月足らずだったが、八年ぶりに韓国に住んだときの経験である。このときはキャンパス・アジアの提携先である高麗大学国際大学院の客員教授として現地に赴いた。

これまでも韓国の学生に講義をする機会はあったが、すべて一回きりの「特別講演」のようなものだった。しかし、今回はコースの担当者としての複数回の講義である。所属した高麗大学の国際大学院は、半数以上の履修者が留学生であり、使用言語は英語だった。韓国の大学で学ぶ留学生が、韓国や日韓関係をどう見ているのかは、それ自体興味深く、彼らの議論から得るものもきわめて大きかった。

だが、最も印象に残ったのは、私を受け入れた高麗大学の教員の一言だった。「韓国の学生たちが、先生が保守派か進歩派か知りたがっている。説明してやって欲しい」。韓国の学生たちは、私の講義を受けていても、私がイデオロギー的に保守派か進歩派か分類できず、気持ち悪がっていると言うのだ。その教員は、多くの学生は教員をどちらかに分類し、その世界観を手掛かりにして、授業を理解しようとしていると言うのである。

このときの高麗大学の学生たちの傾向が、どの程度韓国全体の雰囲気を表わしているのかはわからない。しかし、保守派と進歩派のどちらかに人間を分類するのが当たり前だと考える人々が、韓国の、しかも若い人たちの間で生まれているとすれば、なかなか面白い状況だと考えた。

当然だが私は韓国では外国人であり、韓国の保守派と進歩派の対立の最中にはいない。そもそも保守派と進歩派という分類自体、国や社会、時代が異なればその内容は大きく違ってくる。だが、外国人である私さえも、韓国の保守派と進歩派のどちらかに分類できる、と考えているとすれば、韓国社会ではそれが当然の前提になっていることを意味している。

これまで韓国だけでなく、さまざまな国を訪れ、時に暮らしてきたが、ほかの国では外国人の私がその国の政治的文脈での思想的位置を聞かれることはほとんどなかった。似たケースでかろうじて思い出したのは、学生時代にインドを旅行した際に、「お前のカーストは何だ」と訊かれたときくらいのことだった。

朴槿恵大統領の弾劾をめぐるデモのなかで

その後も、私は韓国社会でいかにイデオロギー的分断が進んでいるかを体験した。

たとえば、歴史認識問題に関わる調査のときだ。第二次世界大戦時に軍人や軍属として動員された人々の遺族で構成される「アジア太平洋戦争犠牲者遺族会」の関係者にインタビューをした。二〇一六年一一月、つまり朴槿恵政権末期、ソウル市内で大統領の弾劾を求める大規模デモが吹き荒れていた頃のことだ。

インタビューの休憩時間に、テレビをつけた遺族がこう呟いた。「大統領があまりに可哀想だ」。それまでインタビューで、植民地支配の清算をめぐって「日本政府以上に冷たかった」という強い表現で、日韓基本条約成立時の朴正熙政権や、その娘である朴槿恵の政権を批判してきた遺族だった。少し驚いて「朴槿恵政権に批判的なんじゃないですか」と尋ねた。

返って来たのは「われわれ年寄りは保守派だから。左派は嫌いだし」というきわめてステレオタイプな答えだった。「保守派だったら、生涯かけて運動をしている問題も乗り越えて、大統領を支持することができるのですか」と言いかけて、失礼だと思い言葉を飲み込んだ。

このようなイデオロギー的分断は、韓国の人々にとっては深刻な問題であり、多くの弊害を生み出していた。しかし、私はまったく異なることを考えた。これだけイデオロギー的分断が深くなれば、人々が二大政党間で支持を変えることは難しくなる。だとすればこれまで不安定だったこの国の大統領や政党への支持は、むしろ安定していくことになるのではないか。

朴槿恵弾劾をめぐる動きのなかでは、これとは少し異なる経験もした。

二〇一七年三月九日、翌日からの調査に備えて、深夜にソウルに到着した私は、ホテルに到着後、遅い夕食をテイクアウトするために街に出かけた。弾劾を確定するか否かの憲法裁判所の判決が翌日に下される予定で、弾劾反対の朴槿恵支持派が、大挙してこの憲法裁判所近くに集結していた夜のことだった。

私が宿泊していたホテルはこのデモ隊が集結する場所の近くにあり、夕食を確保した私は大きな袋を持ったまま、デモ隊の様子を観察し何枚か写真を撮影した。大統

朴槿恵弾劾への反対デモ，2017年３月10日．前日深夜，デモ隊に筆者が囲まれた場所で．筆者撮影

領の弾劾は、韓国では初めてであり、その歴史的瞬間までを記録することは、韓国政治研究者として当然だと考えたからである。

しかし、私は瞬く間にデモ隊に取り囲まれた。彼ら曰く、「こんなに夜遅くデモを見に来る奴はスパイに違いない」。私は日本から来た研究者であり、怪しいものではないと弁明したのだが、彼らは聞き入れず、結果、私はこの日の夕食として買った豚足の詰め合わせを持ったまま、「スパイ」として公安担当の警察官に突き出されることとなった。

パスポートをチェックして即座に無罪放免となったが、私がこの様子をそのままツイッターで呟いたため、それを読んだ韓国のニュース専門テレビ局ＹＴＮの記者から取材を受けることになった。この顚末《てんまつ》は「弾劾反対デモ隊、日本の教授をスパイとして申告」という表題のニュースとして報道されている。

日本人による聴き取りの意義

他方で、この時期「変化する目の前の現実」と並行して、韓国政治や日韓関係にまつわる過去についても研究を続けていた。

最も注力したのは、韓国の政治家や行政官、歴史的な体験をした人たちへのインタビューだった。

具体的には二〇一一年からと一五年から、それぞれ五年間、文科省の科学研究費を取得し行った二つのプロジェクトだった。最初の五年間は、「全斗煥政権期のオーラルヒストリー調査」という題目で、光州事件後の一九八〇～八八年に、韓国で君臨した全斗煥政権の関係者へのインタビューを行った。その生々しい証言はとても興味深いものだった。

心に残ったのは、全斗煥政権期に大統領の懐刀《ふところがたな》として鳴らした人々の証言だ。たとえば、全斗煥政権で統一部長官などを歴任し、広報政策を取り仕切った許文道《ホムンド》である。東京大学への留学経験もあり日本通として知られた彼は、インタビューの前に、わざわざ私の著作を読んで臨んでくれた。そのため私はインタビューに先立って、韓国や日韓関係についての私の見解を彼にこっぴどく批判されたのだが、この「研究対象である歴史上の登場人物に自分が批判される」という奇妙な経験を、ワクワクしながら楽しんだ。

許文道と並んで「三許」（全斗煥政権を支えた三人の許という姓を持つ人物。もう一人は許三守）の一人とされた許和平《ホファピョン》からは、朴正熙と全斗煥に対する貴重な人物評を聴くことができた。「日本式の教育を受けた朴正熙大統領は、真面目などちらかと言えば暗い人物だったが、アメリカにも留学した経験のある全斗煥大統領は、対照的に明るい性格で、だからわれわれは彼を慕っていた」という発言に、周囲の人間はそう見ていたのかと、唸《うな》らせられた。

この最初のオーラルヒストリー・プロジェクトで学んだことは二つあった。

一つは、現代史研究では当時の政治に実際に関わった人の話から得られることがきわめて多いということだ。もう一つ、より重要だったのは、この国では外国人だからこそ訊けることも多くあるということだ。

研究対象とした全斗煥政権は、民主化後の韓国では厳しい批判の対象になってきた。そのため私が外国人である利点はきわめて大きかった。つまり、政治的に大きな論争になっている問題について韓国人が質問するときには、インタビューアー自身の政治的立ち位置が障害になるときがある。答える側はのちに批判されないように警戒し用心深く語る。そもそも多くの場合は、インタビューそのものを断るだろう。でも私は外国人だから、その枠外にある。だからこそ彼らは、安心してインタビューの依頼を受け、より率直に話してくれた。

このプロジェクトは一九八〇年代の韓国の政治状況に関わるものだった。当時の韓国政府が日韓関係、とりわけ一九八二年に起きた歴史記述をめぐる第一次教科書問題などについて、どのように考え、対処したかも知ることができた。その知見は歴史認識問題の研究にも生かすことができた。

元慰安婦、運動家たちからの聴き取り

このような経験から二〇一五年からの五年間は、「90年代日韓歴史認識問題に関わるオー

ラルヒストリー調査研究」という題目で、慰安婦問題を中心とした歴史認識問題についてのプロジェクトを立ち上げた。『日韓歴史認識問題とは何か』を刊行した直後であり、積み残した課題を解決するために、当時の日韓両国の政治家や外交官、さらにはジャーナリストや運動家に直接話を聴き、資料調査を進めるものだった。

調査に先立って多くの当事者を紹介してくれたのは、臼杵敬子さんだった。彼女は一九九〇年代初頭に慰安婦問題が噴出するなか「日本の戦争責任をハッキリさせる会」を組織し日韓両国の橋渡しの役割を果たし、九六年以降は村山富市政権が設立した「女性のためのアジア平和国民基金」（アジア女性基金）で、事務局的な役割を担った人物である。彼女は二〇一〇年代半ばのこの時期、アジア女性基金解散後の「フォローアップ事業」に従事しており、私はその活動に同行させてもらい調査を行った。

私は、元慰安婦たちのために作られた「ナヌムの家」などで、多くの元慰安婦や彼女たちを支援する運動家たちから話を聴いた。また同じく、臼杵さんの紹介で、軍人・軍属の支援団体の関係者にも話を聴いた。インタビューでは、植民地期よりも植民地支配から解放された後の経験を聴くことに重きを置いた。元慰安婦たちや運動家たちの人生は、解放後の方が植民地期よりもはるかに長く、それは貴重な韓国や日韓関係の現代史の証言だからだ。

ある元慰安婦は、解放後いかにして過去を隠して生きて来たか、そして、慰安婦であることをカミングアウトしたのちに、どれほど多くの家族や周囲からの反発を受けたかについて、話してくれた。

また、彼女たちを支援する運動団体を強く非難する元慰安婦もいれば、いかに運動家たちに助けられてきたかについて感謝の言葉を口にする元慰安婦もいた。さらには、金銭は要らないから謝罪が欲しいという元慰安婦もいれば、苦労をかけたからこそ自分の子どもには財産を残してやりたいと訴える元慰安婦もいた。元慰安婦に対するインタビューは数度に及び、長短合わせ、五名の元慰安婦から直接話を聴くことができた。

運動家たちの証言も興味深かった。慰安婦問題を告発し続けてきた韓国挺身隊問題対策協議会（挺対協／現日本軍性奴隷制問題解決のための正義記憶連帯〈正義連〉）からは話を聞けなかったが、「ナヌムの家」では、所長だった安信権《アンシンゴン》さんから、「施設」の運営についての苦労を聴く機会も得た。

また、「アジア太平洋戦争犠牲者遺族会」の関係者からは、遺族の代替わりの問題や、運動家同士の対立について、赤裸々な証言を得ることもできた。軍人・軍属問題の解決を目的に活動してきたある遺族は、慰安婦問題が大きな注目を浴びる一方で、ほかの当事者がどれだけ蔑《ないがし》ろにされてきたかについて、不満を漏らした。

外交官たちが話す日韓関係に関わる回想は、たとえば一九九三年の河野談話をめぐるもの一つをとっても時に大きく食い違っていた。当時、内閣官房内閣外政審議室長だった谷野作太郎は、河野談話は慰安婦問題解決の入り口に過ぎず、だからアジア女性基金の設立に進むのは当然だったと回顧した。対して、河野談話の直後に韓国外交部の日本課長を務めた中珏《シンガク》秀《ス》は、河野談話で慰安婦問題はいったん解決したと当時は考えており、後続の措置については十分承知していなかった、と振り返った。官房副長官だった石原信雄の証言は、九〇歳近い年齢とは思えない詳細なものだったが、肝心の河野談話の決定過程については「詳しいことは〔宮澤喜一〕総理しかわからない」と明言を避けるものだった。

このような多くの元慰安婦、運動家、外交官や官僚などへのインタビューからわかったことは、単純な、しかしきわめて重要なことだった。

それは、日本でも韓国でも歴史認識問題に関わる人々の姿勢や考え方は多様で、彼らが異なる理解から、異なる活動を行って来たことだった。たとえば韓国の運動家や歴史認識問題の当事者たちだって、決して一枚岩であるわけではない。彼らは韓国のなかで、時に激しくいがみ合い、対立して来た。単純なステレオタイプに基づいて、彼らに対応しようとするのは、当事者への向かい合い方として適切でないだけでなく、合理的な結果ももたらさない。

彼らの異なる考えの背景には、当然ながら異なる体験がある。元慰安婦だけを見ても、夫や子ども、養子など家族がいる人と、家族を持てなかった人の人生はまったく違っている。

つまり、「元慰安婦の経験」「元慰安婦の意思」と、一括りにできるものは存在しないのだ。実際に存在するのは「個々の慰安婦の経験や意思」である。その一人ひとりの経験や思いこそが、歴史認識問題のなかで本来、考慮されるべきものなのだ。

「慰安所管理人の日記」との出会い

二〇一三年二月には、歴史認識問題に関わる重要な資料との出会いがあった。

きっかけは母校の堀和生先生からのメールだった。韓国で慰安婦問題について貴重な史料が発見されたから協力して欲しいという内容である。それはある韓国人が残していた二〇年にわたる日記だった。彼は植民地期には慰安所の管理人で、その活動を克明に日記に残していた。

第1章で述べたように、堀先生は私が最初に韓国に留学したときに、滞在先の下宿を探し、契約してくれた大恩人である。植民地期の朝鮮半島経済史研究の第一人者で、尊敬する研究者でもある。だからこの誘いを断る理由はない。そして何よりもこの貴重な史料を読んでみたかった。

私に任されたのは、資料の日本語への翻訳だった。日記は植民地支配の影響を受け、日本語と韓国語が混在する複雑な文体で書かれており、解読の必要があった。作業には、かつて私の学生だった金世徳君（現大阪観光大学教授）と田中悟君（現摂南大学准教授）が主として当たり、私はそれをチェックする楽な役回りとなった。

しかしなにぶん、日記は慰安所の管理人が、太平洋戦争中に書いたものであり、そこには現在からみれば不適切な表現もたくさん含まれていた。プライバシーに関わる問題も多く、出版のために遺族の許可が得られる見込みはほぼなかった。結局、われわれが作成した日本語版の翻訳文を、書籍や論文の形で公表することは避けることになった。その内容は現在、韓国にある落星台研究所のウェブサイトで学術研究用の資料として掲載されている。

日記の内容は、この人物が務めた慰安所の状況を再現するに十分なものだった。翻訳を行ったのは膨大な日記のうち一九四二年と四三年の二年間分に過ぎなかったが、この部分だけでも現地の時代的状況の移り変わりや、後方のシンガポールと前線のビルマ（現ミャンマー）では、慰安所や慰安婦を取り巻く状況がどれほど違ったかが、よく示されていた。管理人としての活動記録でもあり、慰安婦が得た収入がどのように管理されていたかもある程度知ることができた。

この慰安所管理人の日記と、さまざまな史料や証言を組み合わせ、それぞれの信憑性を確認することもできた。たとえば日記を記した人物が釜山を離れた日付けは、一九八〇年代に証言したある元慰安婦が釜山を離れたとする日付けと見事に一致した。つまり、彼らは同じ船に乗っていたことになる。記録や傍証がないと批判された元慰安婦の証言も、こうやって他の資料と照らし合わせればその真偽を裏付けられるのだ。

こうして、二〇一一年三月にアメリカから帰国し、新しい研究を模索した時期が終わる。そしてわかったのは、私が研究者としてできることは、まだまだ多いということだった。

日韓関係が悪化の一途を辿るなか、幸か不幸か、私の研究はある程度の注目を浴びた。韓国社会の新たな変化を探り調査すること、一九八〇年代の全斗煥政権や、九〇年代の歴史認識問題についてインタビューを通し現代史と向き合うこと、そしてあらためて歴史史料と向き合うことなど、五〇代に差し掛かっていた私は、もう一度本格的に研究に取り組もうと思うことになった。

4 文在寅政権へ——韓国の無為無策、日本の圧力

後景に退く日本

二〇一七年三月一〇日、職権乱用などを理由に憲法裁判所で朴槿恵への弾劾が成立し、彼女は大統領の座を追われることになった。五月の大統領選挙では大方の予想通り、進歩派「共に民主党」の文在寅が当選した。

これまでも何度も韓国の大統領選挙を観察して来たが、文在寅政権、とりわけその外交政策については歴代政権以上に私は情報を持っていた。政権の主要の外交的ブレーンと目された二名の延世大学教授、文正仁、金基正の両先生と個人的な交流があったからだ。とりわけ金基正とは長らく、ある財団の運営で一緒に働いたことがあり、ある程度の信頼関係も築いていた。

大統領選挙の直前、金基正は私に一つの提案を行ってきた。まもなく成立する文在寅政権の外交政策について事前に日本で発表したいというのである。月刊誌を紹介し私との対談の形で金基正は文在寅政権の意思を伝えることになった。

詳細は月刊誌に譲るが、この対談で金基正は文在寅政権の外交政策の優先順位を語った。彼が繰り返し述べたのは、圧倒的に朝鮮半島の南北問題についてであり、特に北朝鮮との対話実現である。彼は次のように述べている。

新政権は、外交のビジョンをまず示さなければなりません。それは南北関係に対話の空間をつくる試みから始まります。長期的には、米朝関係を増進する上で、韓国が一助を担うということで、韓国外交が動ける空間を作る。今はその空間がなさすぎます。日本に対しても同じです。日朝関係の改善においても、韓国は一助を担いたい。この悪循環を好循環にもっていくには、それしかない。少なくとも文在寅氏は、今そのビジョンを作っている。

（『中央公論』二〇一七年六月号）

文在寅政権は、アメリカを巻き込んで北朝鮮との対話を実現する。それは日本にも利益となるはずであり、協力して欲しいと言うのだ。私は金基正の話を聞きながら、別のことを考えていた。それは、彼が語ろうとしないことの方が、日本にとって重要だと思ったからだ。

日本の重要性、影響力の低下

金基正は北東アジアの平和実現について語り、そのなかでの日韓協力の重要性を強調した。より正確には、朝鮮半島を中心とする北東アジアの平和実現である。しかし、彼は日本が果たすべき具体的な役割については何も述べなかった。日本には北朝鮮との対話に反対せず、黙って見ていてもらえば十分だという理解が透けて見えた。

そこにあったのは、わざわざ東京まで足を運びながら、日本、そして日韓関係そのものの重要性について何も語らない、新政権の有力ブレインの姿だった。それは韓国歴代政権や要人が、肯定的であれ否定的であれ、日本や日韓関係そのものについて積極的に語ろうとしてきたのと対照的だった。

金基正の主張は、文在寅政権の対日関係に関わる姿勢そのものだった。そしてそれは何も文在寅政権だけの特徴ではなかった。なぜなら、このような彼らの日韓関係に対する等閑視はこの時期の韓国世論の状況をそのまま反映したものだったからである。

たとえば、二〇一七年の大統領選挙では、一回約二時間の候補者討論会が六回行われた。この合計一二時間以上の候補者討論会で、「日本」が登場したのはわずか二回に過ぎなかった。この二回も、「日本には多くのノーベル賞受賞者がいる」「日本は対米外交をうまくやっている」という文脈での登場であり、日韓関係に関わる話は一切登場しなかった。

いくども述べてきたように韓国では長期にわたって日本の重要性や影響力が低下していた。だから、彼らは領土問題や歴史認識問題について、次第に日本への配慮を欠くようになり、主として国内事情により問題を蒸し返す状況が続いていく。

日本の重要性や影響力の低下がさらに進み、韓国が日韓関係に関心を失えば、政治家が日韓関係について積極的に発信する理由はさらに失われる。先述したように、朴槿恵政権の後半には、日韓間の歴史認識問題が大統領の支持率にほとんど変化を与えない現象も確認された。

そこからさらに考えた。これだけ日本に対する関心が低下すれば、韓国政府や世論が日韓関係に関わる問題に関心を持ち、これを熱心に議論することもなくなるかもしれない。だとすれば、この政権下で日韓関係は沈静化する可能性もあるかもしれない。

軍レベルの統制喪失——場当たり的に見えた韓国海軍

だが、私の考えが間違っていたことはすぐ明らかとなった。

文在寅政権下の二〇一八年四月、板門店で北朝鮮の金正恩との一一年ぶりの南北首脳会談が行われ、続いて六月にはシンガポールでトランプ米大統領と金正恩との初の米朝首脳会談も開かれた。韓国は沸きに沸いていた。

それとは対照的に二〇一八年は、日韓関係にとって一二年に続く破綻の年となった。

まずこの年の九月に海上自衛隊が掲揚する「旭日旗」（公式には「自衛艦旗」）をめぐる問題が起こる。海上自衛隊の艦船は、一〇月に韓国で行われる合同軍事パレードに参加予定だった。だがパレードを主催する韓国海軍が、韓国世論を受けて海上自衛隊側に使用の自粛を水面下で打診。これに海上自衛隊側が反発し派遣を中止した事件である。韓国世論では、旭日旗は日本の軍国主義の象徴であり、ナチのハーケンクロイツと同じく排除するべきとの声が大きくなっていた。

一二月には、同じく海上自衛隊と韓国海軍との間で「レーダー照射問題」も起こっている。韓国海軍第一艦隊の旗艦「広開土大王艦」が、上空を飛行した海上自衛隊の哨戒機に対して、火器管制レーダーを照射したとする事件である。火器管制レーダーの照射は、火器の使用に先立ち行われる行為であり、合理的な理由なく照射することは危険な行為だ。

海上自衛隊は、この事実を公表し激しく抗議した。対して韓国海軍は照射の事実はなく、逆に日本の哨戒機が韓国海軍艦艇に威嚇《いかく》行為をしたと非難した。

これまでの日韓関係は、領土問題や歴史認識問題などで悪化しても、両国の軍事当局、とりわけ海上自衛隊と韓国海軍の関係は良好とされてきた。しかし、状況が変わりつつあることは明らかだった。

どちらのケースも韓国海軍の行動や弁明は、場当たり的な性格が強く、また二転三転しているように見えた。彼らはいまや海上自衛隊、さらには日本との軍事協力をさして重要なものだと考えなくなっているのだろう。そんなことを考えながら事態を見守っていた。

元徴用工問題──韓国大法院判決の衝撃

とはいえ、この年に起こった出来事で日韓関係に最も大きな影響を与えたのは、言うまでもなく一〇月に出された元徴用工をめぐる韓国大法院の判決だ。

この判決は二〇一八年一〇月三〇日に、出されている。それは、これまでの「元徴用工問題は日韓請求権協定で解決済み」という韓国政府の公式見解を覆し、原告の元徴用工たちによる新日本製鉄（現日本製鉄）への賠償要求を認めるものだった。

この判決によって、両国の歴代政権がかろうじて共有してきた、植民地支配清算に関わる法的見解が決定的に分かれることになった。判決の直後、私は『朝日新聞』のインタビューに次のように答えている。


破壊的な判決といえる。大法院（最高裁）は、一九六五年の日韓請求権協定を完全に骨抜きにするような事態を招いてしまった。

判決そのものよりも、判決に至るロジック（論理）がショッキングだ。判決は、協定締結に至る過程で日本政府が自らの不法行為を認めていないため、「不法的な植民地支配や侵略戦争遂行に直結した不法行為」を行った企業への「慰謝料請求権」は、請求権協定の枠外であり今も有効だと認定した。

その解釈を用いれば、個人は、企業だけでなく日本政府の「不法行為」にも訴訟を起こせる理屈になる。訴訟提起の可能性を広く開いた形であり、パンドラの箱を開けてしまった印象だ。

（『朝日新聞』二〇一八年一〇月三一日）


韓国大法院の判決に、日本政府・世論は大きく反発した。

当然のことながら、判決が日韓関係に対して持つ重要性は、韓国の日本政治研究者たちも理解していた。翌月、研究調査のために私がソウルを訪れた際に彼らは、まもなく李洛淵《イナギョン》国務総理を中心とする場で、この問題が協議されること、二〇一五年の「慰安婦合意」のときのように、財団を作って解決する方式が主たる叩き台になるだろうと教えてくれた。

無為無策へ

文在寅の大統領就任後、慰安婦合意はすでに瓦解状態にあり、私は同様の提案を行っても日本政府や世論は好意的に受け止めないだろうと考えていた。とはいえ、とりあえずは彼らがどんな案を作るかが重要であり、当面はお手並拝見だ、とばかりに構えることにした。

だが、二〇一九年一月にソウルを訪れると、政府に近い韓国の日本政治研究者から連絡が入った。どうせ新聞でコラムなどを書くのだろうから、こちらの状況を詳しく教えておいてやる、というのである。話を聞いて、状況が大きく変わったことがすぐにわかった。彼は、一一月の段階で、つまり私が先にソウルを訪れた時点では韓国政府はたしかに解決策を模索していたが、いまはいったん中止し司法の動きを見守ることにしたと言うのである。

その説明は以下のようなものだった。大法院の確定判決がある以上、韓国政府が財団を立ち上げて補償を確約すれば、韓国全土で元徴用工やその遺族から補償を求める声が上がり、収拾がつかなくなる。彼らが本当に元徴用工だったかを資料を通して調査することは容易ではなく、これに手こずれば政府は批判を浴びる。他方すべてを司法に任せれば、政府はこの手間をすべて省くことができる。さらに三年後には時効により、提訴自体が不可能になるから、結果として、対象者の数も制限できると言うのだ。

彼の話を聞いてこう思った。たしかに問題を過度に大きくしないためには、いったん司法にすべてを任せるのは一つの方法かもしれない。しかし、この時点で韓国の司法はすでに、行政府が統制できる存在ではなくなっている。政府にはその判決の方向性を決める手段はなく、裁判所の内部さえ分裂している。司法が次々と新たな法解釈に基づく判決を下し、事態がさらに迷走する可能性も大きい。

であれば結局、彼らの言っていることは、韓国政府は日韓関係をコントロールするつもりはない、ということなのではないか。そして、この「誰も日韓関係をコントロールしようとしない状況」こそが、司法のみならず、軍ですら、日韓関係で不要な紛争を招くような行動を導いている。そのように考えればすべてが説明できるように思われた。

輸出管理措置発動と日本製品ボイコット

先述したように、私は一時期、韓国で日本の重要性や影響力が低下すれば、領土問題や歴史認識問題についての関心が失われ、結果として、問題が過度に政治化することはなくなるだろうから、事態がむしろ鎮静化する可能性もあると考えていた。しかし、実際に起こったのは、日本の重要性や影響力の低下により、韓国政府が対日関係を統制する努力を放棄し、結果、韓国の政府や社会の各所で、長期的視野を欠いた観点からバラバラに日韓関係を刺激する事態が引き起こされる事態だった。

韓国では植民地支配に関する日本との過去は、その支配終焉直後から一貫して否定的に認識されており、その認識に基づいて法律や制度ができている。だからその建前に忠実になればなるほど、日韓関係を刺激する言動が頻発することになる。そして彼らにとって日本がかつてのような重要性を失ったいま、この状況を止めようとする人は少なくなっている。

ただ、私がここで十分に考慮に入れていなかった要素があった。日本側の動きである。

一九九三年の河野談話や、二〇一五年の慰安婦合意に至る過程に典型的に表れたように、これまで日韓の領土問題や歴史認識問題は、まず韓国が従来の枠組みを壊す行動を起こし、新たに作られた状況に日本が対処する形で動いてきた。だからこそ、事態の展開のカギを握っているのはつねに韓国であり、日本は受け身の対応を余儀なくされてきた。

しかし、この構造が一気に崩れる事態が起こる。二〇一九年七月、日本政府が韓国に対して「輸出管理措置」を発動したからだ。内容の中心は韓国向けの半導体など材料三品目について輸出手続きを厳格化するものだったが、一部の人々は、これにより重要産品のスムーズな輸入が困難になり、韓国で大きな比重を占める半導体産業が致命的な打撃を受ける可能性があると指摘した。輸出管理措置発動の経緯について、菅義偉官房長官は記者会見で次のように語っている。

両国間で積み重ねてきた友好協力関係に反する韓国側の否定的な動きが相次いだうえに、旧朝鮮半島出身労働者の問題でG20大阪サミットまでに満足する解決策が示されなかったことから、信頼関係のもとに輸出管理に取り組むことが困難になったために見直しを行うことになったものだ。

（NHK 二〇一九年七月二日放映、https://www.nhk.or.jp/politics/articles/statement/19582.html）

この説明のように、輸出管理措置の発動が、元徴用工問題に関わる韓国の動きを強く意識したものであったことは明らかだった。

とはいえ限られた産品の韓国への輸出管理措置の発動だけでは、韓国経済が大きな影響を受ける可能性は実際にはきわめて小さく、この措置は、歴史認識問題で、韓国世論を硬化させるだけの効果しか持たなかった。その結果、日本は自ら輸出管理手続きを厳格化した産品の一定の市場を失うことにもなった。結局、輸出管理措置発動により日本が具体的に得たものはほとんどなかった。とはいえ、日韓関係でつねに受け身だった日本が一矢を報いようとしたことで、ゲームの構造は大きく変わった。日本が動き、韓国がこれに応える側に回ったからだ。

非現実的な日本の政権打倒

だからこそ興味深かったのは、これを受けた韓国の動きだった。韓国では、日本による輸出管理措置の発動が報道されると、日本製品や日本旅行のボイコットが巻き起こった。

周知のように韓国では、一九四八年の建国以降、日本との関係が悪化するたびに、日本製品のボイコットが一部で叫ばれてきた。しかしその動きはそれまでは大きく広がることはなく、一時的にビールとタバコがスーパーから姿を消す程度にとどまった。

しかし、二〇一九年のボイコットは大きく異なっていた。そのことを実感したのは、八月に私用で訪れた対馬においてでだった。対馬は韓国から最も近い日本の島であり、韓国からの観光客が経済の大きな支えとなってきた。だがお盆休み直前のハイシーズンにもかかわらず、ホテルや観光地はどこも閑古鳥が鳴いていた。海水浴場で知られる隣の島の壱岐が、多

ＤＭＺセミナーの開会式で挨拶をする李在明京畿道知事，2019年９月19日．筆者撮影

くの日本人客で賑わっていたのとはあまりに対照的だった。

しかし、この韓国人による日本製品や日本旅行のボイコットは、不思議に思えた。どのような大規模なボイコットをしても、日本政府や日本の世論の考えを変えることはできないし、嫌韓的な感情を後押しするだけに思えたからだ。では彼らは何を考えているのか。

その答えを探す機会はすぐにやって来た。九月にソウルに近い一山で開かれたシンポジウム「ＤＭＺセミナー」に招かれたからだ。主催は京畿道。知事の李在《イジェ》明《ミョン》は進歩派の次期大統領選挙の有力候補者である。参加者はアメリカ、中国、ロシアなどの多くの国から招待されていた。朝鮮半島の南北問題で、米朝の対話を推し進める文在寅に対抗しようという、李在明の政治的な意思を読み取ることができた。

私は数多くの類似した韓国のシンポジウムに参加し

てきたが、このときの日韓関係に関わるセッションの雰囲気はこれまでとはまったく違っていた。このセッションで私は日韓関係悪化の背後に両国世論の悪化があることを調査データで示した。だが、会場の人々の期待に反したようで、反応は芳しくなかった。

その理由は、韓国の大物政治家らが参加した大型セッションで明らかになった。なぜなら、この歴代の統一部長官経験者たちがパネリストを務めたセッションで、多くの報告者や質問者が力説したのは、日韓関係の悪化は「極右政治家」である安倍晋三が一方的にもたらしたもので、その解決のためにはその政権を打倒するしかない、ということだったからだ。進歩派の盧武鉉政権期の統一部長官だった李在禎《イジェジョン》が、自らのコメントを、「いまこそわれわれ市民の力で安倍政権を打倒しよう！」というシュプレヒコールに近い発言で締め、大きな拍手が巻き起こる様を、私は半ば呆れながら、会場の後ろで聞いていた。

たしかに進歩派や市民運動勢力は、大規模デモによって保守派の朴槿恵政権を打倒した。だが、外国政府に同様なことはできるはずがない。しかし彼らはあたかも自分たちの運動により、日本の政権を打倒できるかのような幻想を平然と振りまいている。そこには間違いなく、朴槿恵弾劾デモの余韻があり、市民が団結すれば思いは必ず叶うはずだ、とする漠たる考えが存在した。実現可能性のない威勢だけがいい発言が大手を振って行われている。状況はここからさらに悪化するに違いない。

コロナ禍の対立凍結

結局、二〇一九年、われわれが見たものは何だったのだろうか。

それは日韓関係が次第に出口を見失い混迷を深めるなか、この状況にフラストレーションを溜めた両国政府や世論が、力に訴えることにより事態を改善しようとした動きだった。日本には、輸出管理措置により韓国を屈服させることができるという幻想があり、それはかつて日本が圧倒的な経済力を誇った時代の残影だといえた。

他方、韓国で私が見たのは、市民の団結により日本を屈服させることができるという幻想だった。その背景には、二〇一六年から一七年の朴槿恵弾劾運動の興奮と、自らの運動により民主化を成し遂げたことによるやはり古い誇りがあった。

しかし、状況はここで突如として凍結された。二〇二〇年に入り突如として世界を襲った新型コロナウイルスの流行が原因だ。一時は年間一〇〇〇万人を超えた日韓両国間の交流は停止され、両国政府は防疫措置の強化に奔走することを余儀なくされた。疫病の流行により、経済も大きく低迷し、その影響は二〇二一年秋を終えても、依然として終わりが見えないものになっている。

それではこの状況は、日韓両国がそれぞれの幻想から覚醒する良い機会となっているのだろうか。もちろん、将来のことは正確にはわからない。しかし、あえてここでそれを私なりに予測するなら、答えはおそらくＮＯになるだろう。

新型コロナ禍の一年半余り、日本と韓国の間では、モノやカネの移動が続く一方で、人々の動きは途絶えている。感染拡大を恐れる両国政府が外国人の入国に大きな制限を加えているからだ。私自身も、最後に韓国に渡ったのは二〇二〇年二月だから、この文章を書いている段階ですでに一年半以上、韓国の地を踏んでいないことになる。訪問期間がこれほど大きく開いたのは、一九九八年から二〇〇〇年、最初のアメリカ留学を挟んだ時期以来のことだ。最後に見たのは、新型コロナウイルスが急速に広まるなか、ＰＣＲ検査の拡充に進みつつあった人々の姿である。

このような状況は「近くて遠い国」を感覚的にさらに遠いものとさせていく。事実、日本でも韓国でも、互いはもちろん国際社会への関心そのものが、二〇二〇年以降、大きく減少している。

加えて、交流の途絶は互いに対する理解にも影響を与えることになる。それは私自身にとっても同じことだ。本書で何度も触れてきたように、私自身の韓国や日韓関係への理解は、さまざまな資料やデータの学術的分析と同時に、韓国内にいる多くの知人・友人たちからのインプットや、さらには大学やシンポジウム、そしてデモの現場などでのフィールドワークから得た知見にも支えられている。しかし、この一年半の交流途絶は、私自身にとっても韓国に対する見方を更新し、新たにする機会を失わせている。

もちろん、それは韓国の人々も同様であり、結果、両国では互いの置かれた状況を客観的に知ることが難しい状況が生まれている。情報の不足がお互いに対するさらなるフラストレーションとなり、さまざまな問題について日韓両国の相手への理解の乖離を大きくさせることになる。

新型コロナ禍によって、両国政府はその対応に忙殺され、経済の悪化に苦しむ人々は、目の前の問題に追われ、日韓関係について配慮する余裕は持っていない。だとすれば、これは真の「終わりの始まり」なのか。それとも再び日韓両国の間には、交流とそれに付随する軋轢の「章」がまだまだ続いていくのだろうか。

残り少なくなりつつある研究者人生のなかで、もう少しその行方をじっくりと眺めていければ、と思っている。

エピローグ　「あなたは韓国が好きなんですか」

京大大学院を修了後、韓国と米国に留学。日本統治や日韓・日朝関係だけで考えず、「日韓の懸け橋に」との使命感もなく、「韓国好き」でもない。韓国を普通の外国として考え、他国と比較できる枠組みでとらえたい。学生にも「朝鮮半島や台湾だけ見てたらあかん。ブラジルやエジプトなどの同時代を扱った本を読んで（韓国・朝鮮研究に）戻ってきて」と言っている。

過去は重要、と研究者や報道は繰り返すが、韓国の人たちも民族や統一をつねに考えているわけではないと強調する。「当たり前の人が当たり前に生活しているのです」

（『朝日新聞』二〇〇二年一〇月八日）

三六歳の私がインタビューに答えた内容が新聞記事として残っている。思えば、この記事からもすでに二〇年近い。ずいぶん長い時間が経過したものである。

本書ではここまで私が生きて来た個人史を、韓国との関係を中心に振り返って来た。私は歴史に関わる研究を行う身であり、それなりに自分の歴史について理解していたつもりだった。だが、その過程での最も大きな発見は人の記憶がいかにいい加減なものかということだった。

幸い比較的筆まめで、大学院入学以来、論文やコラム、さらには私から投函した手紙の元ファイルは、パソコンのハードディスクにすべて保管してきたので、ある程度は過去の状況や思いを再現できた。だからここまでその記録を文章としてまとめて来た作業は、少なくとも私の人生にとって意味がある作業だったとは言えそうだ。しかし、それがこの文章を読むみなさんにとってどうなのかは、私にはわからない。

だが、一つだけ言えるのは、少なくともこの半世紀余りの間――ずいぶん長く生きて来たものである――に、韓国や日韓関係をとりまく状況が驚くほど大きく変わってきたことだ。

かつての日本人にとって、韓国は旧植民地であるがゆえに、さまざまな問題を抱えていても、所詮は一つの外国であり、だからこそそこに住む人々の姿をよく言えば冷静に、悪く言えば突き放してみることができた。そのような時代の多くの日本人にとって韓国は、冷戦の最前線に置かれた貧しく、独裁体制下にある哀れな分断国家であり、だからこそ人々はこれに「上から目線」で接して来た。

研究を始めた頃の私にもそんな一面がなかったとは言えない。「先進国を研究すれば、圧倒的なアドバンテージを持つ現地の研究者と競わなければならない」という当時の思いは、

「韓国であれば、圧倒的なアドバンテージを持つ現地の研究者とも互角以上に競っていける」という偏見の裏返しであったことは間違いないからだ。

だが、現実の変化は、そんな私の「上から目線」の思い込みに繰り返し、修正を迫ることとなった。もちろん研究を始めた当初でも、韓国で民主化が進み、日本を上回る速度で経済成長を続けていることは理解していた。

しかし、その現象が何十年も積み重なると、韓国社会がどのような存在になり、日韓関係がどう変わるかは、よくわかっていなかった。漠然と、垂直的な関係が水平的な関係に変われば、日韓関係はよい状態になるだろうと、どこかで考えていた。

いま、その答えは私の目の前にある。

民主化と経済発展を遂げた韓国は、もはや日本とは異なる社会へと成長し、彼らが日本を発展モデルとしていた時代は遠い過去になった。

とりわけ一九九七年のアジア通貨危機以降の変化は劇的である。そしてこの韓国の変化は必然的に日本人の韓国への姿勢をも変えることになった。しかし、残念なことにその変化は少なくとも私の見るところでは、好ましい結果をもたらしているようには思えない。

かつての日本人は、韓国で何が起ころうとも悠然と構えていた。それは一面では、韓国に対する漠然たる優越感の結果であり、自らの社会への自信の裏返しだった。

しかし、いつのまにか日本人は、韓国人の一挙一動に反応し、一喜一憂するようになった。巷《ちまた》には韓国であたかもいますぐに政変が起こり、経済が深刻な危機に直面するかのような言説が溢れている。だが現実の韓国は、このような日本の人々の「一方的な期待」を裏切り続けている。そのことが人々をさらに苛立《いらだ》たせる。

私もまた、そうした人々の苛立ちにさらされ、時に「思うようにならない韓国」に対する不満をぶつけられる。とはいえ、この状況は同時に私に大きな機会をも与えてくれている。

たしかに、インターネット上での誹謗中傷や、研究室への苦情の電話は愉快ではない。だが、それはきっと日韓関係、そして世界が、かつての先進国と発展途上国が垂直的な関係だった時代から、その区別自体が意味を失うような水平的な関係の時代へと移行する、国際社会の大きな変化が生み出す軋みのようなものなのだ。

だとすれば、研究者として、この変化がどこにわれわれを連れていくのか、最後まで見てみたい。そのとき自分が何を思い、書くかを確かめてみたい。その瞬間こそが、私がもう一度自分の人生を振り返るべきときになるのだろう。

そして、そのとき、きっとわかることがある。それは私自身にとって韓国がいかなる存在だったかだ。

大学院に入学する過程で述べたように、私が研究対象として韓国を選んだのは、それが自分の研究に有益なデータを提供してくれるからであり、一九八〇年代末の状況で、日本で研究することにアドバンテージがあると考えたからだ。韓国には特別な思い入れはなかったし、金浦空港における乗り換えの数時間の滞在を除けば、訪れたことさえない国だった。

しかしそれから三二年。韓国との関係のなかで過ごした時間は、すでに私の人生の過半を占めることになった。適切な比喩ではないかもしれないが、幼い頃、両親と暮らした年月が約二〇年、結婚してから現在までが約二四年だから、韓国との「つきあい」はそれらより長いことになる。正確に数えたことはないものの、この間の訪問の回数は五〇回をはるかに超えているはずだ。当初の場当たり的で機会主義的な選択を考えれば、よくもこんなに長くこの国とつきあってきたと苦笑する思いである。

では、この韓国を研究対象とした私の選択は成功だったのか。

研究面では、それが成功だったことはおそらく間違いない。政治学に、国際関係論に、そして私が最も関心を持つナショナリズムや政治文化を考えるうえでも、韓国は数多くの豊富で貴重なケースを提供してくれた。何よりも重要であったのは、関西国際空港からわずか一時間四五分で行けるこの国で、私がこの国の大きな変化の様を幾度も直接目の辺りにできたことだろう。

本書でも記した一九九二年の大統領選挙における金泳三や金大中の大集会での演説や、九六年の延大事態で周囲に充満した催涙ガスの臭い、あるいは、壇上から降りて朴訥《ぼくとつ》な調子で市民に語り掛ける盧武鉉の姿、日本大使館前で小泉首相の靖国参拝に抗議する人々の顔、さらには朴槿恵弾劾前夜の緊張したソウルの街並みの様子の記憶、それらはそのときに感じた雑駁《ざっぱく》たる、しかしリアルな感情とともに一生消えさることはないだろう。その思いを手掛かりにして、私は一つひとつ研究のアイデアを得、それを論文や著書という形で残してきた。

もちろん、いつもいいことばかりがあったわけではない。自らが得たアイデアがいつも優れた研究成果として残せたわけでもない。インタビューでは不勉強を怒られ、学会やシンポジウムでは内容以前の語学力の問題で立ち往生する場面も数多くあった。あのとき、研究対象に韓国なんか選択しなければよかった。そうすれば、もっと楽で当たり前の研究者生活が送れたのに。眠れない長い夜、そう考えながら、すべてを投げ出したくなったときは幾度もあった。

しかし、過ぎてしまえば、それらもすべて過去の思い出に過ぎない。研究成果はもちろん、大学における教育面での仕事、さらには私生活でも、韓国での出来事は私のなかに深く深く刻み込まれている。韓国には、留学時代に過ごした妻や娘たちとの思い出もたくさんある。その思い出の数は間違いなく、大学時代を過ごした京都や、霞ヶ関での会議やメディアとの打ち合わせで何百回と出張した東京よりもはるかに多い。そう、私はそうやってこの国との関わりのなかで生きてきたのである。

そんな私に多くの人たちがこう問いかける。

「それであなたは韓国が好きなんですか」。

この質問にはこう答えることにしている。「それがわかったら苦労しないんですよ」。

自分が選んでやって来た韓国との「つきあい」について答えを出すのは、結局、自分の人生について答えを出すようなものだ。果たして私は私自身とその人生が好きなのだろうか。

たしからしいのは、コロナ禍ですでに韓国を訪れることができなくなって一年半、そろそろソウル市内の定宿がある、鍾路三街のおしゃれとはおよそ言えない行きつけの店で美味しいコプチャン（韓国式のホルモン料理）を食べたくなっていることくらいだ。

あとがき——五五年間の感謝の言葉に代えて

さて、ここまで私のこれまでの五五年間の人生のなかで体験してきた、韓国に関わるさまざまな思い出について、つらつらと述べて来た。もちろん、これらのすべては私個人の視点であり、何らかの客観性を持つものではない。たとえば、同じ時代、同じ場所にともに暮らしてきた私の家族ですら、彼女らの見た韓国はまったく違って映っていただろう、だからここまでの私の体験について、この人はこんな風に考えていたのだな、くらいに笑い飛ばしながら読んでくれるとうれしい。

とはいえ、この文章を書きながらあらためて感じたのは、私の経験の背後に、私の活動を後押ししてくれた数多くの人々がいたことだ。本来であれば、そのすべての方々に感謝の言葉を述べたいところである。だが紙幅の関係もあり、ここでは本文と同じく、私の韓国との関わりがある方々に絞って感謝の意を述べたい。

＊

最初に名前を挙げるべきは、京都大学での指導教員だった木村雅昭先生だ。お世辞にも優秀とは言えず、がさつで失礼で、人間関係の苦手な私への指導を学部時代から引き受けて下さった先生には、本当に感謝の言葉しかない。インド政治研究の大家だった先生は、韓国とは特段に関係があったわけではない。だが私が韓国を研究することになったのは、先生からのさまざまな示唆からだった。バブル景気の最終年、一九八九年夏、綺麗に整理された先生の研究室での会話がなければ、韓国政治研究者としての私は存在さえしなかった。

京都大学経済学部の堀和生先生からは、韓国語文献購読の授業にゲスト参加させて頂いてから、さまざまな形で研究への助言を頂いた。文字通り右も左もわからなかった一九九二年の最初の韓国留学では、下宿先まで探して下さった。それから四半世紀後には「慰安婦管理人の日記」の翻訳でもご一緒させて頂いた。

一九九〇年代の私は、一九世紀後半における韓国の政治史を研究していたが、その専門家として堀先生が紹介して下さったのが原田環先生である。当時、島根大学の助教授だった原田先生には、その後、韓国併合の国際会議や、日韓歴史共同研究でもお世話になった。

日韓歴史共同研究でご一緒した小此木政夫先生や森山茂徳先生は、若い頃から、そしていまでも目標とする研究者だ。最初の留学時にたまたま参加した研究会でお目にかかった吉田光男先生の、自信満々でいささか啖呵《たんか》の利《き》き過ぎた報告は衝撃だった。いまも私の憧れである。いまは亡き服部民夫先生には、当時所属されていた同志社大学で研究会を開催して頂き、頻繁に発表の機会を与えてもらった。ご冥福をお祈りすると同時に、若手研究者の育成に努めた先生の意を少しでも継げればと、大学院生を指導しながら日々思っている。

私の韓国との関わりを支えてくれたのは、日本の先生方ばかりではない。最初の韓国での資料収集で便宜を図って下さった金容徳先生は、その後、一九九二年と九六年の二回にわたり、ソウル大学での研究の機会を与えて下さった。あのソウル大学付属図書館で過ごした日々がなければ、私は初期の著作を完成させることができなかっただろう。私の韓国における初期の活動拠点はソウル大学であり、特に河龍出先生にはお世話になった。本書では記すことができなかったが、二〇〇五年、当時韓国から入国が可能だった北朝鮮支配地域の金剛山地域でのソウル大学とワシントン大学の合同シンポジウムに招待して下さったのは先生である。その五年後の二〇一〇年、ワシントン大学に籍を移した河先生の助けを得て、この大学で研究する機会も得た。ワシントン大学では、河先生から何度か報告の機会を頂き、それは当時、壁に当たりつつあった私の研究を再び活性化させる大きな力となった。

私の韓国での活動拠点は、ある時期から高麗大学になっている。二〇〇〇年にインタビューでお目にかかった当時、高麗大学亜細亜研究所長を務められていた崔章集先生のおかげである。韓国を代表する政治学者であり、金大中政権のブレーンも務めた先生の下には、新進気鋭の研究者が集まり、そこでの滞在は、短くも充実していた。その後、高麗大学とは教育プロジェクトである「キャンパス・アジア」でもお世話になることになった。

しかし、私が自らの三〇年間の韓国との関わりで、最もお世話になっているのは、韓国における日本政治研究者の先生方である。日本の韓国政治研究者と、韓国の日本政治研究者は、ともに互いの国への留学経験を持ち、学会などでも顔を合わせることが多い。かねてから密接な関係にあり、当然、私も彼らから助力を得ることが多かった。この点でまずお名前を挙げるべきは、世宗研究所の陳昌洙先生だろう。

二〇〇六年夏、陳先生は研究所の客員研究員として私を受け入れて下さっただけではなく、多くの研究会やシンポジウムにも招待して頂いた。国民大学の李元徳先生には、二〇一五年からは私が主宰する科学研究費補助金の研究協力者をお願いしているのみならず、その抱負な知識からさまざまな示唆を頂いている。ソウル大学の朴喆熙先生とは、先生が埼玉大学助教授を勤められていた頃からの交流があり、その国際舞台での華やかな活躍は、私の大きな目標の一つとなっている。

こうした先生方との交流は、研究面のみならず、私が新聞や雑誌でコラムを書いたり、霞が関や永田町で話をしたりする際の、大きな情報源ともなっている。延世大学の金基正先生とは、日本財団が出資し、延世大学が管理する「アジア・リサーチ・ファンド」という財団の仕事にともに携わった経験から、長い交流がある。金基正先生と同じ延世大学に所属する文正仁先生は、言うまでもなく、文在寅政権の主要ブレーンの一人であり、時折垣間見せてくれる「本音」は、いまの政権の動きを理解する大きなヒントを提供してくれている。聖公会大学の梁起豪先生は、進歩派有数の日本通として知られる人物であり、外交のみならず、市民社会レベルでも活動するその姿には、毎回、深い感銘を受けている。

私の韓国での活動を助けてくれるのは研究者だけではない。とりわけ重要なのは、マスメディアの方々のご助力である。この点で第一に名前を挙げるべきは、毎日新聞社の澤田克己さんだろう。彼との交流は長く、私がその研究のみならず、仕事のスタイルでも彼を尊敬している、と記しておけば、きっと今後も私を助けてくれるに違いない。私にメディアでの活躍の最初の大きな機会を与えてくれたのは、朝日新聞社の波佐場清さんである。波佐場さんにはその後も所属先の仕事をお願いするなど、たびたびお世話になっている。

韓国のメディアで私の研究活動を最も助けてくれたのは、東亜日報に勤務されていた金忠植さんかもしれない。波佐場さんの記事で紙面をともにしただけの私に、許文道さんをはじめとする多くの人々に会う機会を与えてくれた。メディア関係者とは言えないかもしれないが、臼杵敬子さんには、私が歴史認識問題でインタビュープロジェクトを始めた際に、さまざまな人々を紹介していただいた。その旺盛な活動意欲と豊富な経験に、私はただただ驚かされるばかりだった。

もちろん、出版の機会を与えてくれた人々にも感謝しなければならない。法律文化社に勤める田引勝二さんと、本書の編集を担当して下さった白戸直人さんには迷惑ばかりおかけして、本当に申し訳ないと思っている。また、校正では、常葉大学の杉村豪一先生、及び神戸大学大学院国際協力研究科大学院生の、安田英峻君、黒田敦穂さん、高岡聖奈さん、加々良渓君、大畑正弘さんに助けてもらった。秀れた教え子を持てたことに感謝したい。

＊

さて、最後にもちろん、最も大きな感謝を寄せるべきは、年老いたわが両親だろう。一九七〇年代前半、小さな居間に置かれた小さなテレビに映る、ベトナム戦争の画像を見ながら、子どもたちのことなどそっちのけで語り合う両親の姿が、その後の私の人生に与えた影響は図りしれない。彼らの人生が少しでも長く、そして実りあるものだったとしたならば、それは息子として何よりの喜びである。

二〇二一年一二月六日　応援する野球チームの来年の日本シリーズ制覇を願いつつ

木村　幹

2012	5・24	大法院，個人請求権は日韓請求権で消滅せずと判示
	8・10	李明博「独島」に上陸
	12・19	朴槿恵，大統領に当選
	12・26	第2次安倍政権発足
2014	4・16	大型客船「セウォル号」沈没事故．299名死去
	8・5	朝日新聞による慰安婦問題をめぐる検証記事発表（～8/6）
	10月	産経新聞ソウル支局長，朴槿恵大統領の名誉を棄損したとして在宅起訴
2015	6・1	中韓自由貿易協定調印
	9・2	朴槿恵訪中，戦勝70周年記念式典の軍事パレード出席
	12・28	日韓外相会談，慰安婦問題日韓合意
2016	10・24	韓国メディア，朴槿恵への疑惑報道
	12・9	国会，朴槿恵への弾劾訴追案可決
2017	5・9	文在寅，大統領に当選
2018	4・27	文在寅，金正恩，板門店で会談．2回目5/26，3回目平壌で9/18，19
	10・30	大法院，徴用工訴訟で初めて企業（新日鉄）に賠償支払いを命じる（11/29三菱重工にも）
	11・21	慰安婦問題日韓合意で設立された「和解・癒やし財団」の解散を発表
2019	7・4	日本，対韓輸出管理を厳格化．日本製品のボイコット運動へ
	8・22	韓国，GSOMIA破棄決定
	8・28	日本，韓国を輸出管理の優遇対象から除外
	11・23	韓国，GOMIA継続を決定
2020	2・15	『パラサイト 半地下の家族』がアカデミー賞作品賞など4部門で受賞
	3・7	新型コロナウイルス蔓延下，日本の入国制限強化に外相抗議．9日より対抗措置
2021	11・23	全斗煥死去

	11・30	羽田・金浦空港シャトル便始まる（1日片道4便）
2004	3・5	日帝独占下親日民族行為真相糾明に関する特別法公布
	3・12	国会，盧武鉉大統領弾劾訴追を可決（5/14　憲法裁判所が棄却）
	4月	NHK 地上波で「冬のソナタ」放映（～8月）．「冬ソナ」ブーム
	4・1	京釜高速鉄道（KTX）開業
	7・21	日韓首脳会談，盧武鉉自らの任期中に歴史問題を提起しない旨を表明
2005	3・16	島根県県議会，2月22日を「竹島の日」とする条例制定
	6月	日韓歴史共同研究（第1期）報告書公開
	6・20	日韓首脳会談，第2期日韓歴史共同研究発足の合意
	7・26	山野車輪『マンガ嫌韓流』刊行
	8・15	戦後60年の首相談話
2006	3・1	日本，韓国人のビザ免除
	8・15	小泉首相，靖国神社参拝
2007	3・16	安倍政権，慰安婦の強制性について政府資料では発見されなかったと閣議決定
	3月	アジア女性基金解散
	6・23	第2期日韓歴史共同研究，委員会発足．3分科会と「教科書小グループ」設置
	10・2	盧武鉉訪朝，金正日と会談，南北平和繁栄宣言
	12・19	李明博，大統領に当選
2009	5・23	盧武鉉，自宅敷地内の崖から転落死
	8・18	金大中死去
	8・30	衆院選で民主党勝利，政権交代（9/16鳩山政権発足）
2010	3・23	第2期日韓歴史共同研究の報告書公開
	8・10	菅直人，韓国併合条約締結から100年を迎えての談話発表
	8・15	李明博，光復節で演説
2011	8・21	韓流助長とフジテレビへの抗議デモ
	8・30	憲法裁判所，慰安婦問題での政府の外交的不作為を認定
	12・14	挺対協，在韓日本大使館の真向かいに少女像（平和の碑）を設置．92年に始まる「水曜集会」1000回時
	12・17	金正日死去．30日金正恩人民軍最高司令官に
	12・18	李明博大統領、野田佳彦首相、京都で首脳会談．慰安婦問題解決迫る

	11・16	盧泰愚，収賄容疑で逮捕
	12・3	全斗煥，反乱首謀罪で逮捕
1996	5・31	サッカーW杯，日韓共催に決定
	8・26	全斗煥に死刑，盧泰愚懲役22年6ヵ月の一審判決．97/4/17有罪確定．12/12特赦
	12・12	OECDに加盟
1997	11・21	アジア通貨危機．IMFに緊急支援要請（10/24米格付会社，韓国を下方修正．11/7韓国，株価暴落）
	12・18	金大中，大統領に当選
1998	2・14	勤労基準法改正，整理解雇制導入
	10・7	金大中大統領訪日，小渕首相と会談（～10）．「日韓共同宣言――21世紀に向けた新たな日韓パートナーシップ」発表
	10・20	日本の大衆文化，第1次開放（04年1月の第4次開放まで段階的に）
2000	1月	『朝鮮日報』の日本語サイト始まる．以後『中央日報』『東亜日報』など続く
	1・22	映画『シュリ』日本で公開開始，ヒット
	6・13	金大中訪朝．金正日と会談．6/15南北共同宣言
	12・13	金大中，ノーベル平和賞授与
2001	4月	日本，「つくる会」歴史教科書問題
	5・26	『JSA』日本で公開
	8・13	小泉首相，靖国神社参拝
	10・20	日韓首脳会談．歴史共同研究（第1期）を合意（02年5月から開始）
	12・18	天皇会見．桓武天皇の母，韓国にルーツありと発言
2002	5月	日韓歴史共同研究，委員会発足（「古代」「中近世」「近代」の3分科）
	5・18	金大中三男収賄容疑で逮捕．以後長男・次男も
	5・31	日韓共催サッカーW杯開始（～6/30）．皇族（高円宮）が戦後初の公式訪韓
	9・17	小泉訪朝，金正日が日本人拉致を謝罪
	12・19	盧武鉉，大統領に当選
		※大学センター入試で韓国語採用（英仏独語，97年からの中国語に次ぐ）
2003	4・30	北朝鮮，核兵器保有を表明
	4月	NHK BS2「冬のソナタ」放映（～9月）

韓国愛憎 関連年表

年	月日	出来事
1979	10・26	朴正熙大統領暗殺
1980	5・18	光州事件
1981	1・23	金大中死刑確定，政府は無期に減刑
	4月	日本に100億ドル供与，依頼
	9・30	IOC総会で五輪開催地がソウルに決定
1982	6・26	第1次教科書問題
1983	1・11	中曽根首相訪韓
	10・9	ラングーン爆弾テロ
1984	9・6	全斗煥大統領訪日
1985	8・15	中曽根首相，靖国神社公式参拝
1986	9・20	アジア競技大会，ソウルで開催（～10/5）
1987	6月	6月民主化抗争
	11・29	大韓航空機，インド洋で失踪．88/1/15国家安全企画部，北による爆破と発表
	12・16	盧泰愚，大統領当選
1988	7・7	7・7宣言
	9・17	ソウル五輪開催（～10/2）
	11・23	全斗煥前大統領夫妻，一族不正を謝罪，寺に隠遁
1990	10・1	ソ連と国交樹立
1991	9・17	国連に韓国，北朝鮮同時加盟
	12・6	元慰安婦，日本政府に補償請求の裁判起こす
1992	1・16	宮澤首相訪韓，慰安婦について日本軍の関与を認め謝罪
	8・24	中国と国交樹立
	12・19	金泳三，大統領に当選
1993	8・4	河野談話
1994	10・21	ソウル聖水大橋崩落，32名死去
1995	1・17	阪神・淡路大震災
	3・20	地下鉄サリン事件
	6・29	三豊百貨店崩壊事故，502名死去
	7・19	アジア女性基金設立
	8・15	村山談話
		旧朝鮮総督府中央尖塔の先端切断，以後撤去に

木村 幹（きむら・かん）

1966（昭和41）年大阪府生まれ．京都大学法学部卒業．同大学院博士課程中退．博士（法学）．愛媛大学法文学部助手，講師，神戸大学大学院国際協力研究科助教授を経て2005年より神戸大学大学院国際協力研究科教授．この間，韓国国際交流財団研究フェロー，ハーバード大学，高麗大学，世宗研究所，オーストラリア国立大学，ワシントン大学などで客員研究員や客員教授を歴任．専攻・比較政治学，韓国地域研究，韓国ナショナリズム，歴史認識問題．

著書『朝鮮／韓国ナショナリズムと「小国」意識』（ミネルヴァ書房，2000年，第13回アジア太平洋賞特別賞）
『韓国における「権威主義的」体制の成立』（ミネルヴァ書房，2003年，第25回サントリー学芸賞）
『民主化の韓国政治』（名古屋大学出版会，2008年）
『韓国現代史』（中公新書，2008年）
『日韓歴史認識問題とは何か』（ミネルヴァ書房，2014年，第16回読売・吉野作造賞受賞）
『歴史認識はどう語られてきたか』（千倉書房，2020年）
他多数

韓国愛憎《かんこくあいぞう》
中公新書 *2682*

2022年1月25日発行

著 者 木村 幹
発行者 松田陽三

本文印刷 三晃印刷
カバー印刷 大熊整美堂
製 本 小泉製本

発行所 中央公論新社
〒100-8152
東京都千代田区大手町 1-7-1
電話 販売 03-5299-1730
編集 03-5299-1830
URL http://www.chuko.co.jp/

Published by CHUOKORON-SHINSHA, INC.
Printed in Japan ISBN978-4-12-102682-8 C1236

中公新書刊行のことば

一九六二年一一月

いまからちょうど五世紀まえ、グーテンベルクが近代印刷術を発明したとき、書物の大量生産は潜在的可能性を獲得し、いまからちょうど一世紀まえ、世界のおもな文明国で義務教育制度が採用されたとき、書物の大量需要の潜在性が形成された。この二つの潜在性がはげしく現実化したのが現代である。

いまや、書物によって視野を拡大し、変りゆく世界に豊かに対応しようとする強い要求を私たちは抑えることができない。この要求にこたえる義務を、今日の書物は背負っている。だが、その義務は、たんに専門的知識の通俗化をはかることによって果たされるものでもなく、通俗的好奇心にうったえて、いたずらに発行部数の巨大さを誇ることによって果たされるものでもない。現代を真摯に生きようとする読者に、真に知るに価いする知識だけを選びだして提供すること、これが中公新書の最大の目標である。

私たちは、知識として錯覚しているものによってしばしば動かされ、裏切られる。私たちは、作為によってあたえられた知識のうえに生きることがあまりに多く、ゆるぎない事実を通して思索することがあまりにすくない。中公新書が、その一貫した特色として自らに課すものは、この事実のみの持つ無条件の説得力を発揮させることである。現代にあらたな意味を投げかけるべく待機している過去の歴史的事実もまた、中公新書によって数多く発掘されるであろう。

中公新書は、現代を自らの眼で見つめようとする、逞しい知的な読者の活力となることを欲している。

中公新書

現代史

中公新書

現代史

f3

政治・法律

h 2